러닝!
Angular 4
실무 예제로 배우는 앵귤러 4 핵심 가이드

러닝! Angular 4

실무 예제로 배우는 앵귤러 4 핵심 가이드

지은이 브래드 데일리, 브렌던 데일리, 칼렙 데일리
옮긴이 이대엽
펴낸이 박찬규   엮은이 김윤래   표지디자인 Arowa & Arowana

펴낸곳 위키북스   전화 031-955-3658, 3659   팩스 031-955-3660
주소 경기도 파주시 문발로 115, 311호(파주출판도시, 세종출판벤처타운)

가격 20,000   페이지 240   책규격 175 x 235mm

초판 발행 2017년 11월 23일
ISBN 979-11-5839-084-6 (93000)

등록번호 제406-2006-000036호   등록일자 2006년 05월 19일
홈페이지 wikibook.co.kr   전자우편 wikibook@wikibook.co.kr

이 도서의 국립중앙도서관 출판시도서목록 CIP는
서지정보유통지원시스템 홈페이지(http://seoji.nl.go.kr)와
국가자료공동목록시스템(http://www.nl.go.kr/kolisnet)에서 이용하실 수 있습니다.
CIP제어번호 CIP2017029906

러닝!
Angular 4

실무 예제로 배우는 앵귤러 4 핵심 가이드

브래드 데일리, 브렌던 데일리, 칼렙 데일리 지음

이대엽 옮김

위키북스

저자

브래드 데일리(Brad Dayley)

20년 이상의 엔터프라이즈 애플리케이션 및 웹 인터페이스 개발 경력이 있는 선임 소프트웨어 엔지니어다. 수년간 자바스크립트와 jQuery를 사용해왔으며, 《Node.js, MongoDB, and AngularJS Web Development》, 《jQuery and JavaScript Phrasebook》, 《Sams Teach Yourself AngularJS, JavaScript, and jQuery All in One》의 저자다. 애플리케이션 서버에서 복잡한 웹 애플리케이션에 이르기까지 다양한 애플리케이션과 서비스를 설계하고 구현했다.

브렌던 데일리(Brendan Dayley)

최신 기술을 배우고 구현하는 것을 좋아하는 웹 애플리케이션 개발자다. 《Sams Teach Yourself AngularJS, JavaScript, and jQuery All in One》과 《Node.js, MongoDB, and AngularJS Web Development》의 공동 저자다. 자바스크립트, 타입스크립트, 앵귤러를 이용해 여러 웹 애플리케이션을 제작했으며, 증강현실과 같은 새로운 웹 및 모바일 기술의 기능을 탐구하고 이를 혁신적인 솔루션에 활용하는 방법을 모색 중이다.

칼렙 데일리(Caleb Dayley)

컴퓨터 과학을 전공하는 대학생이다. 어린 나이에 소프트웨어 개발에 입문한 이후로 컴퓨터 프로그래밍에 관한 많은 지식을 독학해왔다. 자바스크립트, 파이썬, C# 개발자이자 유니티 플랫폼의 열혈팬이다. 또한 《Node.js, MongoDB, and AngularJS Web Development》의 공동 저자다. 칼렙은 미래에 대한 기대와 더불어 우리가 생활하고 일하고 노는 방식을 지속적으로 개선할 차세대 혁신적인 소프트웨어를 설계하고 창안하는 기회에 들떠 있다.

옮긴이

이대엽

책 만드는 일을 하고 있으며, 이따금 IT 관련 서적을 번역하기도 한다. 옮긴 책으로 『헬로! 파이썬 프로그래밍』, 『자바 API 디자인』, 『풀스택 자바스크립트 개발』, 『테스트 주도 개발로 배우는 객체 지향 설계와 실천』, 『자바스크립트 개론』, 『모듈라 자바』, 『시작하세요! 맥 OS X 라이언』, 『도메인 주도 설계』, 『하이버네이트 완벽 가이드』, 『개념을 잡아주는 프로그래밍 정석』 등이 있다.

이 페이지를 통해 이 책을 만들 수 있게 해준 모든 분들께 감사드리고 싶다. 우선 나의 멋진 아내가 내게 주는 영감, 사랑, 지지에 대해 감사드린다. 당신 없이는 이 책을 절대 쓸 수 없었을 것이다. 또한 이 책을 쓸 때 나를 도와준 아들들에게도 고맙다고 전해주고 싶다. 이 책을 올바른 방향으로 이끌어준 마크 태버(Mark Taber)에게 감사드린다.

– 브래드 데일리

01

자바스크립트 기초

02

타입스크립트 기초

03

앵귤러 시작하기

06

데이터 바인딩

07

내장 디렉티브

08

사용자 정의 디렉티브

11

사용자 정의
앵귤러 서비스 만들기

12

앵귤러 실전 예제

『Learning Angular』의 독자 여러분을 환영한다. 이 책은 앵귤러(Angular)를 이용해 상호작용이 뛰어나고 구조가 잘 잡힌 웹 애플리케이션을 만드는 세계로 여러분을 인도하기 위해 쓰여졌다. 이 책에서는 앵귤러 프레임워크의 기초와 이를 활용해 웹 애플리케이션을 개발하기 위해 잘 설계되고 재사용 가능한 컴포넌트를 작성하는 방법을 설명한다. 앵귤러는 웹 개발 세계에서 가장 흥미롭고 혁신적인 기술 중 하나다.

여기서는 다음과 같은 내용을 다룬다.

- 이 책의 대상 독자
- 이 책을 읽어야 할 이유
- 이 책을 통해 달성 가능한 것
- 앵귤러 소개 및 앵귤러가 뛰어난 기술인 이유
- 이 책의 구성
- 코드 예제

그럼 시작해 보자.

■ 대상 독자

이 책은 이미 HTML 기초를 이해하고 현대 프로그래밍 언어로 프로그래밍해본 경험이 있는 독자를 대상으로 한다. 자바스크립트를 이해하고 있으면 이 책을 더 쉽게 소화할 수 있지만, 이 책에서 자바스크립트의 기초를 다루고 있으므로 필수적인 사항은 아니다.

■ 이 책을 읽어야 하는 이유

이 책에서는 유지보수하기 쉬운, 짜임새 있고 재사용하기 쉬운 코드 기반을 갖춘 강력한 대화식 웹 애플리케이션을 제작하는 방법을 알려준다. 앵귤러의 가장 큰 특징은 실제로 기반 구조와 설계를 충실히 지킴으로써 더 나은 웹 개발자가 되도록 만들어준다는 것이다.

이 책의 독자는 대체로 대화식 웹 애플리케이션을 제작할 목적으로 앵귤러를 익히고 싶은 분들일 것이다. 또한 잘 설계되고 구조화된 웹 페이지 및 웹 애플리케이션을 구현하기 위해 앵귤러의 혁신적인 MVC(Model View Controller) 접근법을 활용하고 싶기도 할 것이다. 전체적으로 앵귤러는 구현하기 쉽고 완전하게 통합된 웹 개발 플랫폼을 제공하므로 놀라운 웹 2.0 애플리케이션을 구현할 수 있다.

■ 이 책에서 다루는 내용

이 책에서는 현실 세계에서 동적인 웹사이트와 웹 애플리케이션을 제작하는 법을 알려줄 것이다. 웹사이트는 더 이상 간단한 정적 콘텐츠, 즉 이미지 및 서식이 지정된 텍스트가 담긴 HTML 페이지로 구성되지 않는다. 그 대신 훨씬 더 역동적으로 변모해서 하나의 페이지가 전체 사이트 또는 애플리케이션으로 사용되는 경우가 많다.

앵귤러 기술을 이용하면 웹 페이지에 곧바로 로직을 적용해 클라이언트 웹 애플리케이션의 데이터 모델을 백엔드 서비스 및 데이터베이스와 바인딩할 수 있다. 또한 앵귤러는 HTML 기능을 쉽게 확장해서 UI 디자인 로직을 HTML 템플릿 파일에서 쉽게 표현할 수 있게 해준다. 다음은 이 책을 읽는 동안 배우게 될 몇 가지 사항이다.

- 사용자 경험을 향상시키는 내장 디렉티브를 이용해 앵귤러 템플릿을 신속하게 제작하는 법
- 모델이 변경될 때 UI 요소가 변경되도록(또는 그 반대로) UI 요소를 데이터 모델에 바인딩하는 법
- 마우스 및 키보드 이벤트를 데이터 모델 및 백엔드 기능에 직접 바인딩해서 강력한 사용자 상호작용을 제공하는 법
- HTML 언어를 확장하는 앵귤러 디렉티브를 직접 정의하는 법
- 웹 서버와 상호작용할 수 있는 클라이언트 측 서비스를 구현하는 법
- 풍부한 사용자 상호작용을 제공하는 동적 브라우저 뷰를 제작하는 법
- 다른 앵귤러 애플리케이션에서 손쉽게 재사용할 수 있는 사용자 정의 서비스를 만드는 법
- 확대/축소 가능한 이미지나 확장 가능한 목록과 같은 풍부한 UI 컴포넌트를 사용자 정의 앵귤러 디렉티브로 구현하는 법

■ 앵귤러란?

앵귤러는 구글에서 주로 개발한 클라이언트 측 자바스크립트 프레임워크다. 앵귤러의 전체적인 목표는 MVC 또는 MVVM(Model View View Model) 프레임워크를 이용해 잘 설계되고 잘 구조화된 웹 페이지 및 애플리케이션을 손쉽게 구현할 수 있는 프레임워크를 제공하는 것이다.

앵귤러는 브라우저에서 사용자 입력을 처리하고, 클라이언트 측에서 데이터를 조작하며, 각종 요소가 브라우저에 표시되는 방식을 제어하는 모든 기능을 제공한다. 앵귤러가 제공하는 몇 가지 이점은 다음과 같다.

- **데이터 바인딩**: 앵귤러는 강력한 유효범위 메커니즘을 이용해 데이터를 HTML 요소에 바인딩하는 매우 깔끔한 메커니즘을 갖추고 있다.
- **확장성**: 앵귤러 아키텍처에서는 언어의 거의 모든 측면을 손쉽게 확장해서 사용자 정의 구현을 제공할 수 있다.
- **깔끔한 코드**: 앵귤러는 깔끔하고 논리적인 코드를 작성하게 만든다.
- **재사용 가능한 코드**: 앵귤러에서는 확장성과 깔끔한 코드의 결합으로 재사용 가능한 코드를 손쉽게 작성할 수 있다. 사실, 사용자 정의 서비스를 만들 때 언어 차원에서 그렇게 해야 할 때가 많다.
- **지원**: 구글에서는 이 프로젝트에 많은 투자를 하고 있어 다른 비슷한 프로젝트가 실패하는 경우에 대비되어 우위를 제공한다.
- **호환성**: 앵귤러는 자바스크립트를 기반으로 하며 자바스크립트 표준과 긴밀한 관계에 있다. 이로써 앵귤러를 프로젝트 환경에 통합하고 앵귤러 프레임워크의 구조 내에서 기존 코드를 재사용하기가 쉽다.

■ 이 책의 구성

이 책은 12개의 장으로 구성돼 있다.

1장 "자바스크립트 기초"에서는 자바스크립트에 익숙하지 않은 독자를 위해 자바스크립트의 기초를 다룬다. 1장에서는 개발 환경을 설정하는 과정을 안내한다. 자바스크립트에 익숙하더라도 개발 환경을 구축할 수 있도록 최소한 처음 몇 절의 내용은 읽어볼 필요가 있다.

2장 "타입스크립트 기초"에서는 자바스크립트의 상위 집합인 타입스크립트의 기초를 다룬다.

이 책의 내용을 비롯해 앵귤러 예제는 대부분 타입스크립트로 작성돼 있으므로 앵귤러로 개발할 때 타입스크립트를 반드시 알아둘 필요가 있다.

3장 "앵귤러 시작하기"에서는 앵귤러 프레임워크의 기초를 설명한다. 앵귤러의 구성과 앵귤러 애플리케이션을 설계하는 법을 배운다.

4장 "앵귤러 컴포넌트"에서는 앵귤러를 구성하는 기본 요소인 앵귤러 컴포넌트의 기초를 다룬다. HTML 템플릿과 자바스크립트를 이용해 컴포넌트를 작성하는 법을 배운다.

5장 "표현식"에서는 앵귤러 템플릿에서 표현식과 파이프를 사용하는 법을 다룬다. 내장 표현식 구문과 파이프를 비롯해 직접 표현식을 만드는 방법도 배운다.

6장 "데이터 바인딩"에서는 앵귤러 컴포넌트의 데이터와 HTML 템플릿의 UI 요소를 바인딩하는 법을 다룬다.

7장 "내장 디렉티브"에서는 앵귤러에 내장된 디렉티브를 다룬다. 디렉티브를 이용하면 DOM 요소의 구조를 변경하고 HTML 속성을 활용할 수 있다.

8장 "사용자 정의 디렉티브"에서는 HTML을 확장하는 사용자 정의 디렉티브를 작성하는 법을 다룬다. 아울러 속성 디렉티브에 관해 배우고 디렉티브를 컴포넌트와 함께 사용하는 법을 배운다.

9장 "이벤트와 변경 감지"에서는 앵귤러에서 발생하는 이벤트 유형과 이를 관리하는 법을 다룬다. 자신만의 이벤트를 만들고 처리하는 법을 배운다. 9장에서는 옵저버블(observable)을 이용해 웹 애플리케이션의 데이터 변화를 감시하고 이에 반응하는 방법도 설명한다.

10장 "웹 애플리케이션에서 앵귤러 서비스 구현하기"에서는 앵귤러에서 제공하는 내장 서비스를 다룬다. 이러한 서비스를 이용하면 HTTP 요청을 통해 웹 서버와 통신하고, 라우팅을 구현해서 애플리케이션 뷰를 변경하고, 웹 페이지에 애니메이션을 구현할 수 있다.

11장 "사용자 정의 앵귤러 서비스 만들기"에서는 사용자 정의 서비스를 만들기 위해 앵귤러에서 활용할 수 있는 메커니즘을 설명한다. 사용자 정의 서비스를 이용하면 이러한 서비스에서 제공하는 기능을 여러 애플리케이션에 손쉽게 주입할 수 있으므로 기능을 재사용할 수 있다.

12장 "앵귤러 실전 예제"에서는 앵귤러를 이용해 실무 예제에서 풍부한 UI 컴포넌트를 만드는
몇 가지 예제를 다룬다. 드래그 앤드 드롭, 애니메이션 및 기타 UI 요소를 구현하는 법을 볼 수
있다.

■ 코드 예제

이 책 곳곳에서 코드 예제를 볼 수 있다. 각 예제의 제목에서 예제의 소스코드가 담긴 파일의
파일명도 확인할 수 있다. 예제에 사용된 소스코드 파일과 이미지는 이 책의 웹 사이트(뒤표지
참조)에서 내려받을 수 있다.

■ 마치며

이 책과 앵귤러를 배우는 과정이 즐겁길 바란다. 앵귤러는 정말로 즐겁게 사용할 수 있는 위대
하고 혁신적인 기술이다. 머지않아 앵귤러를 사용하는 다른 여러 웹 개발자들과 함께 대화식
웹사이트와 웹 애플리케이션을 제작할 수 있게 될 것이다.

자바스크립트 기초

앵귤러는 자바스크립트의 상위집합인 타입스크립트(TypeScript)를 기반으로 한다. 본격적으로 앵귤러의 세계로 뛰어들기에 앞서 자바스크립트를 기본적으로 이해해두는 것이 중요하다. 1장에는 두 가지 목적이 있다. 바로 개발 환경을 설정하고 자바스크립트의 기초를 알려주는 것이다.

이번 장의 첫 번째 부분에서는 자바스크립트 개발 환경을 설정하는 데 필요한 기초를 설명한다. 자바스크립트에 익숙하고 이미 개발 환경을 설정한 경우에도 최소한 이번 절의 내용을 살펴볼 필요가 있다.

이번 장의 나머지 부분에서는 변수나 함수, 객체 같은 자바스크립트 언어의 기본 사항에 대해 살펴본다. 이 책은 완전한 자바스크립트 안내서가 아니므로 중요한 구문 및 관용구만 간략하게 안내한다. 자바스크립트에 익숙하지 않더라도 이번 장의 내용만 숙지하면 이 책의 나머지 부분에서 나오는 예제들도 전부 이해할 수 있을 것이다. 자바스크립트를 이미 잘 알고 있다면 해당 절을 건너뛰거나 자바스크립트 지식을 새롭게 환기하는 차원에서 읽어봐도 된다.

자바스크립트 개발 환경 설정

자바스크립트 개발 환경을 설정하는 데는 여러 가지 방법이 있으므로 한 가지 방법에만 초점을 맞추기는 어렵다. 가장 좋은 IDE(통합 개발 환경) 도구는 자바스크립트 개발 환경을 쉽게 설정할 수 있는 기능을 제공한다. 별도로 선호하는 IDE가 있다면 해당 IDE에 자바스크립트 관련 기능이 있는지 확인해보자.

자바스크립트나 타입스크립트를 이용해 앵귤러 애플리케이션을 효과적으로 제작하려면 개발 환경에 다음과 같은 구성 요소가 마련돼 있어야 한다.

- **편집기**: 편집기를 이용하면 필요한 자바스크립트, HTML, CSS 파일을 만들어 앵귤러 애플리케이션을 제작할 수 있다. 사용 가능한 편집기의 종류는 많으며, 각자 익숙한 편집기를 선택하면 된다. 이 책에서는 타입스크립트와의 호환성을 갖춘 비주얼 스튜디오 코드(Visual Studio Code)를 사용한다.

- **브라우저**: 애플리케이션을 테스트하고 시험해 보려면 웹 브라우저가 필요하다. 대부분의 경우 자바스크립트 및 앵귤러 애플리케이션은 주요 브라우저에서 동일한 방식으로 실행된다. 앵귤러는 ECMAScript 5와 6을 지원하고, 대부분의 최신 브라우저는 ECMAScript 6을 대부분 구현하고 있다. 그러나 구형 브라우저에서 똑같이 작동하지 않는 기능이 일부 있다. 고객들이 사용할 주요 브라우저에서 애플리케이션을 테스트해봄으로써 애플리케이션이 모든 브라우저에서 제대로 작동하는지 확인해 두는 것이 좋다.

변수 정의

자바스크립트에서는 변수를 사용해 자바스크립트 파일의 데이터를 임시로 저장하거나 데이터에 접근한다. 변수는 숫자나 문자열 같은 간단한 데이터 타입을 가리킬 수 있으며, 객체 같은 좀 더 복잡한 데이터 타입을 가리킬 수도 있다.

자바스크립트에서 변수를 정의하려면 다음 예제와 같이 var 키워드를 사용한 다음, 변수에 이름을 지정하면 된다.

```
var myData;
```

변수를 정의함과 동시에 변수에 값을 할당할 수도 있다. 예를 들어, 다음 코드는 myString 변수를 만들고 "Some Text" 값을 할당한다.

```
var myString = "Some Text";
```

다음 두 줄은 같은 일을 한다.

```
var myString;
myString = "Some Text";
```

변수를 선언하고 나면 변수의 이름을 사용해 변수에 값을 할당하거나 변수의 값에 접근할 수 있다. 예를 들어, 다음 코드는 myString 변수에 문자열을 저장한 다음, newString 변수에 값을 할당할 때 그 값을 사용한다.

```
var myString = "Some Text";
var newString = myString + " Some More Text";
```

변수를 설명하는 이름을 지정해야 나중에 무슨 데이터를 저장하는지 사용자가 알 수 있고 프로그램에서도 더 쉽게 사용할 수 있다. 변수명은 $나 _ 문자로 시작해야 하며 공백을 포함할 수 없다. 또한 변수명은 대소문자를 구분하므로 예를 들어 myString은 MyString과 다르다.

자바스크립트의 데이터 타입

자바스크립트에서는 데이터 타입을 사용해 변수에 할당된 데이터를 처리하는 방법을 결정한다. 변수의 타입에 따라 반복이나 실행과 같이 변수를 대상으로 수행할 수 있는 작업이 결정된다. 다음은 이 책에서 가장 일반적으로 사용하게 될 변수 타입을 나열한 것이다.

- **문자열(String):** 이 데이터 타입은 문자 데이터를 문자열로 저장한다. 문자 데이터는 작은따옴표나 큰따옴표로 지정한다. 따옴표로 둘러싼 모든 데이터는 문자열 변수에 할당된다. 다음 예제를 보자.

  ```
  var myString = 'Some Text';
  var anotherString = 'Some More Text';
  ```

- **숫자(Number):** 이 데이터 타입은 데이터를 숫자 값으로 저장한다. 숫자는 항목의 개수를 세거나 계산, 비교에 유용하다. 다음 예제를 보자.

  ```
  var myInteger = 1;
  var cost = 1.33;
  ```

- **불린(Boolean):** 이 데이터 타입은 true 또는 false인 단일 비트를 저장한다. 불린은 플래그로 사용될 때가 많다. 예를 들어, 어떤 코드의 시작 지점에서 변수를 false로 설정한 다음, 코드 실행이 특정 지점에 도달했는지 확인하기 위해 완료 시점에서 검사할 수 있다. 다음 예제에서는 true 및 false 변수를 정의한다.

  ```
  var yes = true;
  var no = false;
  ```

- **배열(Array):** 인덱스 배열은 일련의 개별 데이터 항목이 하나의 변수명으로 저장된 형태다. 자바스크립트에서는 같은 배열에서 여러 타입의 객체를 담을 수 있다. 배열의 항목은 array[index] 형식으로 0부터 시

작하는 인덱스를 통해 접근할 수 있다. 다음은 간단한 배열을 만든 다음, 0번째 인덱스에 있는 첫 번째 요소에 접근하는 예제다.

```
var arr = ["one", "two", "three"];
var first = arr[0];
```

- **객체 리터럴(Object literal)**: 자바스크립트는 객체 리터럴을 만들고 사용할 수 있는 기능을 지원한다. 객체 리터럴을 사용하면 object.property 구문을 통해 객체의 값과 함수에 접근할 수 있다. 다음 예제는 객체 리터럴의 프로퍼티를 만들고 접근하는 방법을 보여준다.

```
var obj = {"name": "Brad", "occupation": "Hacker", "age": "Unknown"};
var name = obj.name;
```

- **널(Null)**: 때때로 변수가 생성되지 않았거나 더 이상 사용하지 않기 때문에 변수에 저장할 값이 없을 때가 있다. 이럴 때는 변수를 null로 설정할 수 있다. null을 사용하는 것은 값을 0이나 빈 문자열("")로 할당하는 것보다 나은데, 0이나 빈 문자열이 유효한 변숫값이 될 수 있기 때문이다. 게다가 값이 설정돼 있음을 나타내기 때문에 null이 undefined보다 낫다. 변수에 null을 할당하면 다음과 같이 아무런 값을 할당하지 않고도 코드 내에서 null을 검사할 수 있다.

```
var newVar = null;
```

> **참고**
>
> 자바스크립트는 타입이 엄격한 언어가 아니다. 즉, 스크립트에서 변수의 데이터 타입을 지정하지 않아도 된다. 인터프리터가 변수에 대한 올바른 데이터 타입을 자동으로 파악한다. 또한 한 타입의 변수를 다른 타입의 값에 할당할 수 있다. 예를 들어, 다음 코드는 문자열 변수를 정의한 다음, 여기에 정수 값을 할당한다.
>
> ```
> var id = "testID";
> id = 1;
> ```

연산자

자바스크립트 연산자를 이용하면 변수 값을 변경할 수 있다. 변수에 값을 할당하는 데 사용되는 = 연산자에 이미 익숙할 것이다. 자바스크립트에서는 산술 연산자(arithmetic operator)와 대입 연산자(assignment operator)라는 두 가지 범주에 속하는 몇 가지 연산자를 제공한다.

산술 연산자

산술 연산자를 이용하면 변수와 값에 대해 연산을 수행할 수 있다. 표 1.1에 산술 연산 및 연산의 결과를 나열했다.

표 1.1 자바스크립트의 산술 연산과 y=4인 경우의 결과

연산자	설명	예	결괏값 x
+	더하기	x=y+5	9
		x=y+"5"	"45"
		x="Four"+y+"4"	"Four44"
−	빼기	x=y-2	2
++	증가	x=y++	4
		x=++y	5
--	감소	x=y--	4
		x=--y	3
*	곱하기	x=y*4	16
/	나누기	x=10/y	2.5
%	나머지(나눗셈의 나머지)	x=y%3	1

> **참고**
>
> + 연산자를 이용하면 문자열을 합치거나 문자열과 숫자를 합칠 수도 있다. 즉, 문자열을 빠르게 연결하고 숫자 데이터를 출력 문자열에 추가할 수 있다. 표 1.1에서 숫자 값과 문자열 값을 더하면 숫자 값이 문자열로 변환된 다음 두 문자열이 연결되는 것을 볼 수 있다.

할당 연산자

할당 연산자를 사용하면 변수에 값을 할당할 수 있다. = 연산자 외에도 값을 할당할 때 데이터를 조작하는 몇 가지 형태가 있다. 표 1.2에 할당 연산과 연산이 적용된 결과를 나열했다.

표 1.2 자바스크립트의 할당 연산자와 x=10인 경우의 결과

연산자	예	상응하는 산술 연산자	결괏값 x
=	x=5	x=5	5
+=	x+=5	x=x+5	15
-=	x-=5	x=x-5	5
*=	x*=5	x=x*5	50
/=	x/=5	x=x/5	2
%=	x%=5	x=x%5	0

비교 연산자와 조건 연산자의 적용

조건문을 사용하면 애플리케이션에 논리를 적용해 특정 조건에서만 특정 코드가 실행되게 할 수 있다. 비교 논리를 변숫값에 적용해 이 같은 작업을 수행할 수 있다. 다음 절에서는 자바스 크립트에서 사용할 수 있는 비교 연산과 이를 조건문에 적용하는 법을 설명하겠다.

■ 비교 연산자

비교 연산자(comparison operator)는 두 개의 데이터를 평가하고 평가가 올바르면 true를, 평가가 올바르지 않으면 false를 반환한다. 비교 연산자는 연산자의 왼쪽에 있는 값과 오른쪽에 있는 값을 비교한다.

표 1.3에서 비교 연산자와 몇 가지 예제를 볼 수 있다.

표 1.3 자바스크립트의 비교 연산자와 x=10인 경우의 결과

연산자	설명	예	결과
==	같다(값에만 적용 가능)	x==8	false
		x==10	true
===	값과 타입이 모두 같다	x===10	true
		x==="10"	false
!=	같지 않다	x!=5	true
!==	값과 타입이 같지 않다	x!=="10"	true
		x!==10	false
>	~보다 크다	x>5	true

연산자	설명	예	결과
>=	~보다 크거나 같다	x>=10	true
<	~보다 작다	x<5	false
<=	~보다 작거나 같다	x<=10	true

논리 연산자(logical operator)와 괄호를 사용해 여러 비교 연산을 연결할 수 있다. 표 1.4에서 논리 연산자 및 이를 이용해 비교 연산을 연결하는 법을 볼 수 있다.

표 1.4 자바스크립트의 비교 연산자와 x=10, y=5인 경우의 결과

연산자	설명	예	결과
&&	논리곱	(x==10 && y==5)	true
		(x==10 && y>x)	false
||	논리합	(x>=10 || y>x)	true
		(x<10 && y>x)	false
!	부정	!(x==y)	true
		!(x>y)	false
	연산 연결	(x>=10 && y<x || x==y)	true
		((x<y || x>=10) && y>=5)	true
		(!(x==y) && y>=10)	false

▪ if 문

if 문을 사용하면 비교 평가에 따라 코드 실행을 분리할 수 있다. 다음 코드에서는 조건부 연산자가 ( )에 들어있고, 조건의 결과가 true로 평가될 때 실행되는 코드가 {}에 들어있는 것을 볼 수 있다.

```
if(x==5){
    do_something();
}
```

if 문 블록 안에 있는 코드를 실행하는 것 외에도 조건이 false인 경우에만 실행될 else 블록도 지정할 수 있다. 다음 예제를 보자.

```
if(x==5){
  do_something();
} else {
  do_something_else();
}
```

if 문을 연결할 수도 있다. 그러자면 다음 예제와 같이 else 문과 함께 조건문을 추가하면
된다.

```
if(x<5){
  do_something();
} else if(x<10) {
  do_something_else();
} else {
  do_nothing();
}
```

■ switch 문

조건부 논리의 다른 유형으로 switch 문이 있다. switch 문을 사용하면 표현식을 한 번 평가
한 다음, 값에 따라 여러 다른 코드 영역 중 하나를 실행할 수 있다.

switch 문의 문법은 다음과 같다.

```
switch(표현식){
  case value1:
    〈실행할 코드〉
    break;
  case value2:
    〈실행할 코드〉
    break;
  default:
    〈value1 또는 value2가 아닌 경우에 실행할 코드〉
}
```

switch 문의 작동 방식은 이렇다. switch 문이 표현식을 완전히 평가하고 값을 얻는다. 값은
문자열이나 숫자, 불린, 객체일 수 있다. 그런 다음 switch 표현식이 case 문에 지정된 각 값

과 비교된다. 값과 일치하면 해당 case 문에 있는 코드가 실행된다. 일치하는 값이 없으면 기본(default) 코드가 실행된다.

> **참고**
>
> 일반적으로 각 case 문에는 switch 문에서 벗어난다는 것을 알리는 break 명령이 끝에 있다. break가 발견되지 않으면 다음 case 문으로 코드 실행이 계속된다.

반복문

반복(loop)은 동일한 코드 영역을 여러 번 실행하는 수단이다. 반복은 배열이나 여러 객체를 대상으로 동일한 작업을 반복적으로 수행해야 할 때 매우 유용하다.

자바스크립트는 다음 절에서 설명하는 것처럼 for 문과 while 문을 수행하는 기능을 제공한다.

while 문

자바스크립트에서 가장 기본적인 유형의 반복은 while 문을 통해 수행한다. while 문에서는 표현식을 테스트하고 표현식이 false로 평가될 때까지 {} 괄호에 들어있는 코드를 계속 실행한다.

예를 들어, 다음 while 문은 i가 5가 될 때까지 실행된다.

```javascript
var i = 1;
while (i<5){
  console.log("Iteration " + i);
  i++;
}
```

이 예제의 실행 결과는 다음과 같다.

```
Iteration 1
Iteration 2
Iteration 3
Iteration 4
```

do/while 문

while 문의 또 다른 유형은 do/while 문으로서 반복문의 코드를 적어도 한 번 실행하고 해당 코드가 적어도 한 번 실행될 때까지는 표현식을 테스트하지 못하게 할 때 유용하다.

예를 들어, 다음 do/while 문은 days가 Wednesday와 같을 때까지 실행된다.

```
var days = ["Monday", "Tuesday", "Wednesday", "Thursday", "Friday"];
var i=0;
do{
  var day=days[i++];
  console.log("It's " + day);
} while (day != "Wednesday");
```

콘솔에 출력되는 결과는 다음과 같다.

```
It's Monday
It's Tuesday
It's Wednesday
```

for 문

자바스크립트 for 문을 이용하면 세 개의 명령문을 단 하나의 실행 블록에서 결합하는 형식으로 특정 횟수만큼 코드를 실행할 수 있다. 구문은 다음과 같다.

```
for (할당; 조건; 갱신;){
  실행할 코드;
}
```

for 문은 반복문을 실행할 때 다음의 세 명령문을 사용한다.

- **할당(assignment)**: 반복문이 시작되기 전에 실행되고, 다시는 실행되지 않는다. 반복문에서 조건으로 사용할 변수를 초기화하는 데 사용된다.

- **조건(condition)**: 각 반복이 시작될 때마다 평가된다. 표현식이 true로 평가되면 반복문이 실행되고, 그렇지 않으면 for 문의 실행이 종료된다.

- **갱신(update)**: 반복문 안의 코드가 실행된 후 각 반복마다 실행된다. 일반적으로 조건에 사용되는 카운터를 증가시키는 데 사용된다.

다음 예제는 for 문 및 반복문이 중첩된 모습을 보여준다.

```
for (var x=1; x<=3; x++){
  for (var y=1; y<=3; y++){
    console.log(x + " X " + y + " = " + (x*y));
  }
}
```

이 예제는 웹 콘솔에서 다음과 같은 출력 결과를 보여준다.

```
1 X 1 = 1
1 X 2 = 2
1 X 3 = 3
2 X 1 = 2
2 X 2 = 4
2 X 3 = 6
3 X 1 = 3
3 X 2 = 6
3 X 3 = 9
```

for/in 문

for 문의 또 다른 유형은 for/in 문이다. for/in 문은 반복 가능한 모든 데이터 타입을 대상으로 실행된다. 대부분의 경우 배열과 객체에 for/in 문을 사용한다. 다음 예제에서는 간단한 배열에 대한 for/in 문의 구문과 동작 방식을 보여준다.

```
var days = ["Monday", "Tuesday", "Wednesday", "Thursday", "Friday"];
for (var idx in days){
  console.log("It's " + days[idx] + "<br>");
}
```

참고로 idx 변수는 배열의 시작 인덱스에서 마지막 인덱스까지 각 반복마다 값이 바뀐다. 출력 결과는 다음과 같다.

```
It's Monday
It's Tuesday
It's Wednesday
```

```
It's Thursday
It's Friday
```

반복문 제어

반복문을 사용할 때 다음 반복을 기다리지 않고 코드 내에서 코드의 실행을 중단해야 할 때가 있다. 이렇게 하는 두 가지 방법이 있다. 바로 break 키워드를 사용하는 방법과 continue 키워드를 사용하는 방법이다.

break 키워드는 for 문이나 while 문의 실행을 완전히 중지한다. 반면 continue 키워드는 반복문 내에서 코드 실행을 중지하고 다음 반복을 계속해서 진행한다. 다음 예제를 보자.

다음은 수요일일 경우 break를 사용하는 예제다.

```
var days = ["Monday", "Tuesday", "Wednesday", "Thursday", "Friday"];
for (var idx in days){
  if (days[idx] == "Wednesday")
    break;
  console.log("It's " + days[idx] + "<br>");
}
```

값이 Wednesday이면 반복문 실행이 완전히 중단된다.

```
It's Monday
It's Tuesday
```

다음은 수요일인 경우 continue를 사용하는 예제다.

```
var days = ["Monday", "Tuesday", "Wednesday", "Thursday", "Friday"];
for (var idx in days){
  if (days[idx] == "Wednesday")
    continue;
  console.log("It's " + days[idx] + "<br>");
}
```

continue 문 때문에 Wednesday에 대해서는 콘솔에 출력하는 코드가 실행되지 않지만 반복문 실행은 완료된 것을 확인할 수 있다.

```
It's Monday
It's Tuesday
It's Thursday
It's Friday
```

함수

자바스크립트의 가장 중요한 부분 중 하나는 다른 코드에서 재사용할 수 있는 코드를 작성하는 것이다. 이를 위해서는 코드를 특정 작업을 수행하는 함수(function)로 구성하면 된다. 함수는 일련의 코드 문장이 한 블록에 함께 담겨 이름을 부여받은 것이다. 그러고 나면 해당 이름을 참조해서 블록 안의 코드를 실행할 수 있다.

함수 정의

함수를 정의할 때는 function 키워드 다음에 함수의 사용법을 설명하는 이름, () 안에 0개 이상의 인수 목록, {} 내에 하나 이상의 코드 문장으로 구성된 블록을 차례로 지정한다. 예를 들어, 다음은 "Hello World"를 콘솔에 출력하는 함수를 정의한 것이다.

```
function myFunction(){
  console.log("Hello World");
}
```

myFunction()에 담긴 코드를 실행하려면 메인 자바스크립트 코드 또는 다른 함수 안에 다음 줄을 추가하기만 하면 된다.

```
myFunction();
```

함수에 변수 전달하기

함수에 특정 값을 전달하고 함수에서 코드를 실행할 때 해당 값을 사용해야 할 때가 많다. 값을 함수에 전달할 때는 각 값을 콤마(,)로 분리한 형태로 전달한다. 함수 정의에는 전달되는 인수의 수와 일치하는 변수명 목록이 () 안에 있어야 한다. 예를 들어, 다음 함수는 name과 city라는 두 개의 인수를 받아 이를 사용해 출력 문자열을 만든다.

```
function greeting(name, city){
  console.log("Hello " + name);
  console.log(". How is the weather in " + city);
}
```

greeting() 함수를 호출하려면 name 값과 city 값을 전달해야 한다. 이때 직접 값 또는 이전에 정의된 변수를 값으로 쓸 수 있다. 이를 보여주기 위해 다음 코드에서는 name 변수와 city에 대한 문자열 자체를 사용해 greeting() 함수를 실행한다.

```
var name = "Brad";
greeting(name, "Florence");
```

함수에서 값 반환하기

함수에서는 함수를 호출한 코드에 값을 반환해야 할 때가 많다. return 키워드 다음에 변수 또는 값을 추가하면 해당 값이 함수에서 반환된다. 예를 들어, 다음 코드에서는 문자열을 형식화하는 함수를 호출하고 함수에서 반환된 값을 변수에 할당한 다음 이 값을 콘솔에 출력한다.

```
function formatGreeting(name, city){
  var retStr = "";
  retStr += "Hello <b>" + name + "/n");
  retStr += "Welcome to " + city + "!";
  return retStr;
}
var greeting = formatGreeting("Brad", "Rome");
console.log(greeting);
```

함수에는 return 문을 두 개 이상 포함할 수 있다. 함수에서 return 문을 발견하면 함수의 코드 실행이 즉시 중단된다. return 문에 반환할 값이 포함돼 있으면 해당 값이 반환된다. 다음 예제에서는 입력을 검사해서 값이 0인 경우 즉시 반환하는 함수를 보여준다.

```
function myFunc(value){
  if (value == 0)
    return value;
  <값이_0이_아닌_경우_실행할_코드>
  return value;
}
```

익명 함수

지금까지 이번 장의 모든 예제에서는 함수에 이름이 부여돼 있었다. 자바스크립트에서는 익명 함수(anonymous function)를 만들 수도 있다. 이러한 함수는 다른 함수를 호출할 때 매개변수 내에서 직접 정의할 수 있다는 이점이 있으므로 형식적 정의가 필요하지 않다.

예를 들어, 다음 코드에서는 세 개의 매개변수를 받는 doCalc() 함수를 정의한다. 처음 두 개는 숫자여야 하며, 세 번째는 호출될 때 두 개의 숫자를 인수로 전달받는 함수다.

```
function doCalc(num1, num2, calcFunction){
  return calcFunction(num1, num2);
}
```

이 경우 함수를 정의한 다음, 다음 예제에서처럼 doCalc()에 매개변수 없이 함수명을 전달할 수 있다.

```
function addFunc(n1, n2){
    return n1 + n2;
}
doCalc(5, 10, addFunc);
```

그러나 다음 두 문장과 같이 doCalc()을 호출할 때 익명 함수를 직접 사용하는 방법도 있다.

```
console.log( doCalc(5, 10, function(n1, n2){ return n1 + n2; }) );
console.log( doCalc(5, 10, function(n1, n2){ return n1 * n2; }) );
```

익명 함수를 사용할 때의 이점은 코드의 다른 곳에서 사용되지 않을 형식 정의를 할 필요가 없다는 것이다. 따라서 익명 함수는 자바스크립트 코드를 더욱 간결하고 읽기 쉽게 만든다. 매개변수로 전달되어 다른 함수 내부에서 호출되는 함수를 콜백 함수(callback function)라고 한다. 콜백 함수를 사용할 때의 큰 이점은 최초 함수에서 앞으로 실행될 함수에 대해 알 필요가 없으므로 좀 더 유연성이 있다는 것이다.

변수 유효범위

자바스크립트 애플리케이션에 조건이나 함수, 반복문을 추가하기 시작하면 변수의 유효범위 (scope)를 이해해야 한다. 변수 유효범위는 현재 실행 중인 코드에 있는 특정 변수명의 값을 결정하는 역할을 한다.

자바스크립트에서는 변수의 전역 버전(global version)과 지역 버전(local version)을 모두 정의할 수 있다. 전역 버전은 메인 자바스크립트에서 정의되며, 지역 버전은 함수 내에서 정의된다. 함수에서 지역 버전을 정의하면 메모리 상에 새 변수가 만들어진다. 해당 함수 내에서는 지역 버전을 참조하고, 해당 함수 밖에서는 전역 버전을 참조한다.

변수 유효범위를 좀 더 잘 이해하기 위해 예제 1.1을 살펴보자.

예제 1.1 자바스크립트에서 전역 변수와 지역 변수 정의하기

```
01 var myVar = 1;
02 function writeIt(){
03    var myVar = 2;
04    console.log("Variable = " + myVar);
05    writeMore();
06 }
07 function writeMore(){
08    console.log("Variable = " + myVar);
09 }
10 writeIt();
```

전역 변수 myVar가 1번째 줄에 정의돼 있고 지역 버전은 writeIt() 함수 내의 3번째 줄에 정의돼 있다. 4번째 줄에서는 콘솔에 "Variable = 2"를 출력한다. 그런 다음 5번째 줄에서 writeMore()를 호출한다. writeMore()에는 정의된 myVar의 지역 버전이 없으므로 전역 myVar의 값이 8번째 줄에서 출력된다.

자바스크립트 객체

자바스크립트에는 Number, Array, String, Date, Math 같은 여러 내장 객체(built-in object)가 있다. 이러한 각 내장 객체에는 멤버 프로퍼티(member property)와 메서드

(method)가 포함돼 있다. 자바스크립트 객체 외에도 이 책을 읽으면서 타입스크립트와 앵귤러에서 자체적인 내장 객체를 추가했다는 사실을 알게 될 것이다.

자바스크립트에서는 여러분만의 객체도 만들 수 있는 꽤나 괜찮은 객체지향 프로그래밍 구조를 제공한다. 단순히 함수의 모음이 아닌 객체(object)를 이용하면 깔끔하고 효율적이며 재사용 가능한 자바스크립트 코드를 작성할 수 있다.

객체 구문

자바스크립트에서 객체를 효과적으로 사용하려면 객체의 구조와 구문을 이해해야 한다. 실제로 객체는 여러 값을 그룹화하고 경우에 따라서는 함수를 그룹화한 컨테이너에 불과하다. 객체의 값은 '프로퍼티(properties)'라고 하며, 함수는 '메서드(method)'라고 한다.

자바스크립트 객체를 사용하려면 먼저 객체의 인스턴스(instance)를 만들어야 한다. 이때 new 키워드와 객체 생성자(constructor)의 이름을 사용해 객체 인스턴스를 만든다. 예를 들어, Number 객체를 만들려면 다음 코드를 사용하면 된다.

```
var x = new Number("5");
```

객체 구문은 매우 간단하다. 즉, 객체의 이름과 점, 프로퍼티나 메서드의 이름을 차례로 사용하면 된다. 예를 들어, 다음 코드는 myObj라는 객체의 name 프로퍼티를 가져오고 설정한다.

```
var s = myObj.name;
myObj.name = "New Name";
```

같은 방식으로 객체의 메서드를 가져오거나 설정할 수도 있다. 예를 들어, 다음 코드는 getName() 메서드를 호출한 다음, myObj라는 객체의 메서드를 변경한다.

```
var name = myObj.getName();
myObj.getName = function() { return this.name; };
```

{} 구문을 사용해 객체를 만들고 변수와 함수를 직접 지정할 수도 있다. 예를 들어, 다음 코드는 새 객체를 정의하고 값과 메서드 함수를 할당한다.

```
var obj = {
    name: "My Object",
    value: 7,
    getValue: function() { return this.name; };
};
```

object[propertyName] 구문을 사용해 자바스크립트 객체의 멤버에 접근할 수도 있다. 이 방법은 동적 프로퍼티명을 사용하거나 프로퍼티명에 자바스크립트에서 지원하지 않는 문자를 포함해야 할 때 유용하다. 예를 들어, 다음 예제에서는 이름이 myObj인 객체의 "User Name" 프로퍼티와 "Other Name" 프로퍼티에 접근한다.

```
var propName = "User Name";
var val1 = myObj[propName];
var val2 = myObj["Other Name"];
```

사용자 정의 객체

지금까지 봤듯이 내장 자바스크립트 객체를 사용하면 몇 가지 이점이 있다. 점점 더 많은 데이터를 사용하는 코드를 작성하게 되면 특정 프로퍼티와 메서드가 포함된 사용자 정의 객체를 직접 만들고 싶을 것이다.

자바스크립트 객체를 정의하는 몇 가지 방법이 있다. 가장 간단한 방법은 즉석에서 만들어내는 방법이다. 즉, 일반 객체를 하나 만든 다음, 필요에 따라 프로퍼티를 추가하기만 하면 된다. 예를 들어, 사용자 객체를 만들고, 성과 이름을 할당하고, 이를 반환하는 함수를 정의하려면 다음과 같이 작성하면 된다.

```
var user = new Object();
user.first="Brad";
user.last="Dayley";
user.getName = function( ) { return this.first + " " + this.last; }
```

다음과 같은 코드로 직접 할당을 통해 동일한 효과를 얻을 수도 있다. 여기서 객체는 {}로 묶고 프로퍼티는 '프로퍼티: 값' 구문을 사용해 정의했다. 이 방법을 객체 리터럴 표기법이라 한다.

```
var user = {
  first: 'Brad',
  last: 'Dayley',
  getName: function( ) { return this.first + " " + this.last; }};
```

이 두 가지 방법은 나중에 재사용할 필요가 없는 간단한 객체에 효과적이다. 재사용 가능한 객체를 만들기 위한 더 나은 방법은 객체를 자체적인 함수 블록으로 감싸는 것이다. 이 경우 객체 자체와 관련된 모든 코드를 객체 안에 유지할 수 있다는 장점이 있다. 다음 예제를 보자.

```
function User(first, last){
  this.first = first;
  this.last = last;
  this.getName = function( ) { return this.first + " " + this.last; }};
var user = new User("Brad", "Dayley");
```

이러한 방법의 최종 결과는 모두 다음과 같이 점 표기법을 사용해 참조할 수 있는 프로퍼티를 가진 객체와 같다.

```
console.log(user.getName());
```

객체 프로토타이핑 패턴

객체를 생성하는 훨씬 더 수준 높은 방법은 프로토타이핑 패턴(prototyping pattern)을 사용하는 것이다. 이 경우 객체 내부가 아닌 객체의 프로토타입(prototype) 속성 안에 함수를 정의해서 이러한 패턴을 구현한다. 프로토타입을 사용하면 프로토타입에 정의된 함수는 새 객체가 만들어질 때마다 생성되는 것이 아니라 자바스크립트가 로드될 때 딱 한 번만 생성된다.

다음 예제는 프로토타이핑 구문을 보여준다.

```
function UserP(first, last){
  this.first = first;
  this.last = last;
}
UserP.prototype = {
  getFullName: function(){
```

```
    return this.first + " " + this.last;
  }
};
```

참고로 UserP 객체를 정의한 다음, UserP.prototype에 getFullName() 함수를 포함하도록 설정했다. 프로토타입에는 원하는 만큼 함수를 포함할 수 있다. 그리고 나면 새 객체가 생성될 때마다 해당 함수를 사용할 수 있다.

문자열

String 객체는 자바스크립트에서 가장 많이 사용되는 객체다. 자바스크립트는 문자열 데이터 타입이 담긴 변수를 정의할 때마다 다음과 같이 String 객체를 자동으로 만든다.

```
var myStr = "Teach Yourself jQuery & JavaScript in 24 Hours";
```

문자열을 만들 때 문자열에 그대로 추가할 수 없는 몇 가지 특수문자가 있다. 자바스크립트에 서는 이러한 문자에 대해 표 1.5에 나열한 이스케이프 코드를 제공한다.

표 1.5 String 객체의 이스케이프 코드

이스케이프 코드	설명	예	출력 문자열
\'	작은따옴표	"couldn\'t be"	couldn't be
\"	큰따옴표	"I \"think\" I \"am\""	I "think" I "am"
\\	백슬래시	"one\\two\\three"	one\two\three
\n	줄바꿈	"I am\nI said"	I am I said
\r	캐리지 리턴 (Carriage return)	"to be\ror not"	to be or not
\t	탭	"one\ttwo\tthree"	one two three
\b	백스페이스	"correctoin\b\b\bion"	correction
\f	폼 피드(페이지 넘김)	"Title A\fTitle B"	Title A가 출력된 후 Title B가 출력됨

문자열의 길이를 구하려면 다음 예제와 같이 String 객체의 length 프로퍼티를 사용하면 된다.

```
var numOfChars = myStr.length;
```

String 객체에는 다양한 방법으로 문자열에 접근하고 조작할 수 있는 함수가 여럿 있다. 문자
열을 조작하는 방법을 표 1.6에 정리했다.

표 1.6 String 객체를 조작하는 메서드

메서드	설명
charAt(index)	지정한 인덱스에 위치한 문자를 반환한다.
charCodeAt(index)	지정한 인덱스에 위치한 문자의 유니코드 값을 반환한다.
concat(str1, str2, ...)	2개 이상의 문자열을 합친 후 해당 문자열의 사본을 반환한다.
fromCharCode()	유니코드 값을 실제 문자로 변환한다.
indexOf(subString)	지정한 subString 값이 처음으로 나타나는 위치를 반환한다. 부문자열 (substring)이 발견되지 않으면 -1을 반환한다.
lastIndexOf(subString)	지정한 subString 값이 마지막으로 나타나는 위치를 반환한다. 부문자열이 발견되지 않으면 -1을 반환한다.
match(regex)	정규 표현식(regular expression)과 일치하는 모든 문자열을 찾아서 반환한다.
replace(subString/regex, replacementString)	문자열에서 부문자열 또는 정규 표현식과 일치하는 문자열을 찾아서 일치하는 부문자열을 새 부문자열로 바꾼다.
search(regex)	정규 표현식을 기반으로 문자열을 찾아 처음으로 일치하는 위치를 반환한다.
slice(start, end)	문자열의 start와 end 지점 사이에 해당하는 새 문자열을 반환한다(end 지점의 문자는 제외).
split(sep, limit)	구분 문자나 정규 표현식을 기반으로 문자열을 부문자열 배열로 나눈다. 생략 가능한 limit 인수는 앞에서부터 나눌 부문자열의 최대 개수를 정의한다.
substr(start, length)	문자열에서 지정된 start 위치에서 시작해서 지정된 길이(length)만큼 문자를 추출한다.
substring(from, to)	from과 to 인덱스 값 사이의 문자로 구성된 부문자열을 반환한다.
toLowerCase()	문자열을 소문자로 변환한다.
toUpperCase()	문자열을 대문자로 변환한다.
valueOf()	문사열 값 사제를 반환한다.

String 객체에서 제공되는 기능을 사용하기 위해 다음 절에서는 String 객체의 메서드를 사
용해서 수행할 수 있는 일반적인 작업을 설명하겠다.

문자열 결합

+ 연산자를 사용하거나 첫 번째 문자열에 대해 concat() 함수를 사용하면 여러 문자열을 합칠
수 있다. 예를 들어, 다음 코드에서 sentence1과 sentence2는 동일하다.

```
var word1 = "Today ";
var word2 = "is ";
var word3 = "tomorrows\' ";
var word4 = "yesterday.";
var sentence1 = word1 + word2 + word3 + word4;
var sentence2 = word1.concat(word2, word3, word4);
```

문자열에서 부문자열 검색

어떤 문자열이 다른 문자열에 포함되는지 여부를 확인하려면 indexOf() 메서드를 사용하면
된다. 예를 들어, 다음 코드는 문자열에 "think"라는 단어가 포함된 경우에만 문자열을 콘솔
에 출력한다.

```
var myStr = "I think, therefore I am.";
if (myStr.indexOf("think") != -1){
  console.log(myStr);
}
```

문자열에서 단어 치환

String 객체를 대상으로 수행하는 또 한 가지 일반적인 작업은 하나의 부문자열을 다른 문자
열로 대체하는 것이다. 문자열에 포함된 단어나 구를 대체하려면 replace() 메서드를 사용하
면 된다. 다음 코드는 "<username>"이라는 텍스트를 username 변수의 값으로 대체한다.

```
var username = "Brad";
var output = "<username> please enter your password: ";
output.replace("<username>", username);
```

문자열을 배열로 분할

문자열을 대상으로 수행하는 가장 일반적인 작업은 구분 문자를 사용해 배열로 분할하는 것이다. 예를 들어, 다음 코드는 시간 문자열을 대상으로 split() 메서드에 ":"를 구분 문자로 사용해 배열로 나눈다.

```
var t = "12:10:36";
var tArr = t.split(":");
var hour = tArr[0];
var minute = tArr[1];
var second = tArr[2];
```

배열

Array 객체는 여러 객체를 저장하고 처리하는 수단을 제공한다. 배열에는 숫자나 문자열, 기타 자바스크립트 객체를 저장할 수 있다. 자바스크립트 배열을 생성하는 방법에는 여러 가지가 있다. 예를 들어, 다음 명령문은 동일한 배열의 세 가지 버전을 만들어낸다.

```
var arr = ["one", "two", "three"];
var arr2 = new Array();
arr2[0] = "one";
arr2[1] = "two";
arr2[2] = "three";
var arr3 = new Array();
arr3.push("one");
arr3.push("two");
arr3.push("three");
```

첫 번째 방법은 arr을 정의하고 [ ]를 사용해 배열의 내용을 단 하나의 문장으로 설정한다. 두 번째 방법은 arr2 객체를 만든 다음, 직접 인덱스를 할당해서 항목을 추가한다. 세 번째 방법은 arr3 객체를 만든 다음, 배열을 확장하는 가장 적합한 방법, 즉 push() 메서드를 사용해 항목을 배열에 집어넣는다.

배열의 요소 수를 확인하려면 다음 예제와 같이 Array 객체의 length 프로퍼티를 사용하면 된다.

```
var numOfItems = arr.length;
```

배열은 0부터 시작하는 인덱스를 사용하므로 첫 번째 항목은 인덱스 0에 있는 식으로 생각하면 된다. 예를 들어, 다음 코드에서 first 변수의 값은 "Monday"이며 last 변수의 값은 "Friday"다.

```
var week = ["Monday", "Tuesday", "Wednesday", "Thursday", "Friday"];
var first = w[0];
var last = week[week.length-1];
```

Array 객체에는 다양한 방식으로 배열에 접근하고 배열을 조작할 수 있는 몇 가지 내장 함수가 있다. 표 1.7에서는 배열의 내용을 조작할 수 있도록 Array 객체에 포함된 메서드를 볼 수 있다.

표 1.7 Array 객체를 조작하는 메서드

메서드	설명
concat(arr1, arr2, ...)	배열과 인자로 전달된 배열을 합친 사본을 반환한다.
indexOf(value)	배열에서 지정한 값의 첫 번째 인덱스를 반환하고, 값이 발견되지 않을 경우 -1을 반환한다.
join(separator)	배열의 모든 요소를 지정한 구분 문자로 분리된 형태로 단 하나의 문자열로 합친다. 구분 문자를 지정하지 않으면 콤마가 구분 문자로 사용된다.
lastIndexOf(value)	배열에서 지정한 value의 마지막 마지막 인덱스를 반환하고, 값이 발견되지 않을 경우 -1을 반환한다.
pop()	배열에서 마지막 요소를 제거하고 해당 요소를 반환한다.
push(item1, item2, ...)	배열의 끝에 하나 이상의 새 요소를 추가하고 새로운 길이를 반환한다.
reverse()	배열 내 모든 요소의 순서를 뒤집는다.
shift()	배열에서 첫 번째 요소를 제거하고 해당 요소를 반환한다.
slice(start, end)	start와 end 인덱스 사이의 요소를 반환한다.
sort(sortFunction)	배열의 요소를 정렬한다. sortFunction은 선택사항이다.
splice(index, count, item1, item2...)	지정한 index를 기점으로 count에 해당하는 개수의 항목을 제거한 후 해당 index에 인자로 전달된 항목(선택사항)을 삽입한다.
toString()	배열을 문자열 형태로 반환한다.
unshift()	배열의 맨 앞에 새 요소를 추가하고 새로운 길이를 반환한다.
valueOf()	Array 객체의 원시 값을 반환한다.

Array 객체에서 제공하는 기능을 사용해볼 수 있도록 이어지는 절에서는 Array 객체의 메서드를 이용해 수행할 수 있는 일반적인 작업을 설명하겠다.

배열 결합

+가 아닌 concat() 메서드를 이용하면 여러 배열을 하나의 배열로 결합할 수 있다. 다음 코드에서 arr3 변수는 arr1에 들어 있는 요소의 문자열 표현과 arr2에 있는 요소의 문자열 표현을 더한 내용을 담고 있다. 다음 코드의 arr4 변수는 arr1과 arr2의 요소가 결합된 배열에 해당한다.

```
var arr1 = [1,2,3];
var arr2 = ["three", "four", "five"]
var arr3 = arr1 + arr2;
var arr4 = arr1.concat(arr2);
```

> **참고**
>
> 숫자 배열과 문자열 배열을 결합할 수 있다. 배열의 각 항목은 자신의 객체 타입을 유지할 것이다. 그러나 그러한 배열의 항목을 사용할 때는 문제가 발생하지 않도록 데이터 타입이 여러 개인 배열을 신경 써서 관리해야 한다.

배열 순회

for나 for/in 반복문을 이용하면 배열을 순회할 수 있다. 다음 코드는 각 방법을 사용해 배열의 각 항목을 순회하는 것을 보여준다.

```
var week = ["Monday", "Tuesday", "Wednesday", "Thursday", "Friday"];
for (var i=0; i<week.length; i++){
  console.log("<li>" + week[i] + "</li>");
}
for (dayIndex in week){
  console.log("<li>" + week[dayIndex] + "</li>");
}
```

배열을 문자열로 변환

Array 객체의 매우 유용한 기능 중 하나는 join() 메서드를 이용해 문자열 요소를 구분자로 분리된 하나의 String 객체로 만드는 것이다. 예를 들어, 다음 코드는 시간을 구성하는 요소를 12:10:36 형식으로 결합한다.

```
var timeArr = [12,10,36];
var timeStr = timeArr.join(":");
```

배열에 항목이 포함돼 있는지 검사

배열에 특정 항목이 포함돼 있는지 확인해야 할 때가 많다. 이때 indexOf() 메서드를 사용하면 된다. indexOf() 메서드는 배열에서 항목을 찾지 못하면 -1을 반환한다. 다음 함수에서는 항목이 week 배열에 있으면 콘솔에 메시지를 출력한다.

```
function message(day){
  var week = ["Monday", "Tuesday", "Wednesday", "Thursday", "Friday"];
  if (week.indexOf(day) != -1){
    console.log("Happy " + day);
  }
}
```

배열 항목의 추가와 제거

다양한 내장 메서드를 이용해 Array 객체에 항목을 추가하거나 Array 객체에서 항목을 제거하는 여러 가지 방법이 있다. 표 1.8은 이 책에서 사용한 몇 가지 방법을 보여준다. 이 표에 나열된 방법들은 표의 처음부터 끝까지 진행되는 과정으로 구성돼 있다.

표 1.8 배열 항목의 추가 및 제거를 위한 Array 객체의 메서드

문장	x의 값	arr의 값
var arr = [1,2,3,4,5];	undefined	1,2,3,4,5
var x = 0;	0	1,2,3,4,5
x = arr.unshift("zero");	6 (길이)	"zero",1,2,3,4,5
x = arr.push(6,7,8);	9 (길이)	"zero",1,2,3,4,5,6,7,8

문장	x의 값	arr의 값
x = arr.shift();	"zero"	1,2,3,4,5,6,7,8
x = arr.pop();	8	1,2,3,4,5,6,7
x = arr.splice(3,3,"four","five","six");	4,5,6	1,2,3,"four","five","six",7
x = arr.splice(3,1);	"four"	1,2,3,"five","six",7
x = arr.splice(3);	"five","six",7	1,2,3

오류 처리

자바스크립트 프로그래밍의 중요한 부분 중 하나는 문제가 발생할 수 있는 경우에 대한 오류 처리를 추가하는 것이다. 기본적으로 자바스크립트의 문제로 인해 코드 예외가 발생하면 스크립트가 실패하고 로드가 완료되지 않는다. 일반적으로 이것은 원치 않는 동작이며, 사실 치명적인 동작 방식일 때가 많다. 이러한 유형의 큰 문제를 방지하려면 코드를 try/catch 블록으로 감싸야 한다.

try/catch 블록

코드가 완전히 망가지지 않게 하려면 코드 내부의 문제를 처리할 수 있는 try/catch 블록을 사용하면 된다. try 블록에 있는 코드를 실행할 때 오류가 발생하면 자바스크립트는 전체 스크립트를 중지하는 대신 catch 부분으로 건너뛰어 실행한다. 오류가 발생하지 않으면 전체 try 블록이 실행되고 catch 블록은 실행되지 않는다.

예를 들어, 다음 try/catch 블록은 x 변수에 badVarName이라는 정의되지 않은 변수의 값을 할당하려고 시도한다.

```
try{
  var x = badVarName;
} catch (err){
  console.log(err.name + ': "' + err.message +  '" occurred when assigning x.');
}
```

여기서 catch 문이 오류 객체인 err 매개변수를 받는다는 것을 눈여겨보자. error 객체는 오류에 대한 설명이 담긴 message 속성을 제공한다. 또한 오류 객체는 발생한 오류 유형의 이름에 해당하는 name 속성도 제공한다.

위의 코드는 예외를 일으키고 다음과 같은 메시지를 출력한다.

```
ReferenceError: "badVarName is not defined" occurred when assigning x.
```

사용자 정의 오류

throw 문을 이용해 여러분만의 오류를 발생시킬 수도 있다. 다음 코드는 함수에 throw 문을 추가해서 스크립트 오류가 발생하지 않음에도 오류를 던지는 방법을 보여준다. sqrRoot() 함수는 x라는 인수를 하나 받는다. 그런 다음 x를 검사해서 그것이 양수인지 확인하고 x의 제곱근이 담긴 문자열을 반환한다. x가 양수가 아닌 경우에는 적절한 오류가 발생하고 catch 블록에서 오류를 반환한다.

```
function sqrRoot(x) {
  try {
    if(x=="")    throw {message:"Can't Square Root Nothing"};
    if(isNaN(x)) throw {message:"Can't Square Root Strings"};
    if(x<0)      throw {message:"Sorry No Imagination"};
    return "sqrt("+x+") = " + Math.sqrt(x);
  } catch(err){
    return err.message;
  }
}
function writeIt(){
  console.log(sqrRoot("four"));
  console.log(sqrRoot(""));
  console.log(sqrRoot("4"));
  console.log(sqrRoot("-4"));
}
writeIt();
```

다음은 sqrRoot() 함수에 대한 입력을 토대로 발생한 다양한 오류를 보여주는 출력 결과다.

```
Can't Square Root Strings
Can't Square Root Nothing
sqrt(4) = 2
Sorry No Imagination
```

finally 활용

예외 처리에서 또 한 가지 유용한 도구는 finally 키워드다. 이 키워드를 try/catch 블록의 끝에 추가할 수 있다. try/catch 블록이 실행된 후 finally 블록은 오류가 발생해서 catch 블록이 실행되든 try 블록이 완전히 실행되든 관계없이 항상 실행된다. 이는 try나 catch 블록에서 어떤 일이 일어나더라도 반드시 실행해야 하는 코드에서 특히 유용하다.

다음은 웹 페이지에서 finally 블록을 사용하는 예다.

```
function testTryCatch(value){
  try {
    if (value < 0){
      throw "too small";
    } else if (value > 10){
      throw "too big";
    }
    이곳에_코드를_작성
  } catch (err) {
    console.log("The number was " + err);
  } finally {
    console.log("This is always written.");
  }
}
```

정리

타입스크립트나 앵귤러 환경에서 일할 수 있으려면 자바스크립트를 이해하는 것이 대단히 중요하다. 이번 장에서는 이 책의 나머지 부분에서 다룰 개념을 이해하기 위한 기본적인 자바스크립트 언어 구문을 살펴봤다. 객체 생성 방법을 비롯해 함수 사용법, 문자열 및 배열 사용법을 배우고, 스크립트에 오류 처리를 적용하는 방법도 배웠다.

02

타입스크립트 기초

앨귤러는 타입스크립트(TypeScript)를 기반으로 하므로 앨귤러를 사용하려면 타입스크립트를 이해하는 것이 중요하다. 이번 장은 타입스크립트의 기초를 이해하는 데 도움될 것이다.

이번 장에서는 타입스크립트가 자바스크립트에 추가한 내용을 익힐 것이다. C# 및 객체지향 프로그래밍에 익숙하다면 타입스크립트가 자바스크립트보다 익숙하게 느껴질 것이다. 또한 이번 장에서는 타입스크립트 프로그래밍의 기초, 즉 타입, 인터페이스, 클래스, 모듈, 함수, 제네릭에 대해서도 다룬다. 1장 "자바스크립트"에서처럼 이번 장의 내용도 완전한 언어 가이드는 아니며 앨귤러를 사용할 준비를 하는 데 유용한 언어 입문서 역할을 할 것이다.

다양한 타입

자바스크립트와 마찬가지로 타입스크립트에서도 데이터 타입을 사용해 데이터를 처리하지만 구문에 약간의 차이가 있다. 또한 타입스크립트에는 열거형(enumeration)이라는 타입도 있다. 다음 목록은 타입스크립트의 타입과 변수 및 구문을 나열한 것이다.

- **문자열(String):** 이 데이터 타입은 문자 데이터를 문자열로 저장한다. 문자 데이터는 작은따옴표나 큰따옴 표로 지정한다. 따옴표로 둘러싼 모든 데이터는 문자열 변수에 할당된다. 다음 예제를 보자.

```
var myString: string = 'Some Text';
var anotherString: string = "Some More Text";
```

- **숫자(Number)**: 이 데이터 타입은 데이터를 숫자 값으로 저장한다. 숫자는 계수, 계산, 비교에 유용하다. 다음 예제를 보자.

```
var myInteger: number = 1;
var cost: number = 1.33;
```

- **불린(Boolean)**: 이 데이터 타입은 true나 false인 단일 비트를 저장한다. 불린은 플래그로 사용될 때가 많다. 예를 들어, 어떤 코드의 시작 지점에서 변수를 false로 설정한 다음, 코드 실행이 특정 지점에 도달했는지 확인하기 위해 완료 시점에서 검사할 수 있다. 다음 예제에서는 각각 true와 false가 할당된 변수를 정의한다.

```
var yes: boolean = true;
var no: boolean = false;
```

- **배열(Array)**: 인덱스 배열은 일련의 개별 데이터 항목이 하나의 변수명으로 저장된 형태다. 배열의 항목은 array[index] 형식으로 0부터 시작하는 인덱스를 통해 접근할 수 있다. 다음은 간단한 배열을 만든 다음, 0번째 인덱스에 있는 첫 번째 요소에 접근하는 두 가지 예제다.

```
var arr:string[] = ["one", "two", "three"];
var firstInArr = arr[0];
var arr2:Array<number> = ["a", "second", "array"];
var firstInArr2 = arr[0];
```

- **널(Null)**: 때때로 변수가 생성되지 않았거나 더 이상 사용하지 않기 때문에 변수에 저장할 값이 없을 때가 있다. 이럴 때는 변수를 null로 설정할 수 있다. null을 사용하는 것은 값을 0이나 빈 문자열("")로 할당하는 것보다 나은데, 0이나 빈 문자열이 유효한 변숫값이 될 수 있기 때문이다. 변수에 null을 할당하면 다음과 같이 아무런 값을 할당하지 않은 상태에서 코드 내에서 null을 검사할 수 있다.

```
var newVar = null;
```

- **Any**: 타입스크립트에서는 어떤 타입의 변수를 가져오고 사용하는지 알 수 없는 경우도 있다. 이 경우 변수 타입을 any로 지정해 다른 타입을 변수에 지정하게 수 있다. 다음은 동일한 변수에 여러 타입의 값을 지정하는 예다.

```
var anyType: any = "String Assigned";
var anyType = 404;
var anyType = True;
```

- **Void**: 변수에 어떤 타입도 지정하지 않으려면 void를 사용한다. 타입스크립트에서 void를 사용하면 값을 할당하거나 반환하는 것이 금지된다. 대부분의 경우 함수에 반환값을 두고 싶지 않을 때 함수 선언에 void를 사용한다. 다음 예제는 void 타입의 함수를 보여준다.

```
function empty(): void { document.write("code goes here"); }
```

- **열거형(Enum)**: 타입스크립트에서는 enum을 사용해 열거형 값에 이름을 지정할 수 있다. 다음은 enum을 선언하는 구문이다.

```
enum People {Bob, John, Alex}
```

또한 enum의 값을 참조하려면 다음과 같은 구문을 사용한다.

```
var x = People.Bob
```

또는 다음 구문을 사용한다.

```
var y = People[0]
```

이 구문을 통해 x 변수는 숫자 0으로 설정되고 y 변수는 "Bob"이라는 문자열로 설정된다.

인터페이스

인터페이스(interface)는 타입스크립트의 기본 요소다. 인터페이스를 사용하면 애플리케이션을 위한 견고한 구조를 만들 수 있다. 인터페이스는 객체, 함수, 배열, 클래스에 대한 구조를 설정할 수 있는 강력한 도구다. 인터페이스를 해당 인터페이스의 부분 집합이 따라야 할 표준을 정의하는 것으로 생각하면 된다.

타입스크립트에서 인터페이스를 정의하려면 다음과 같이 interface 키워드 다음에 객체가 따라야 할 구조를 지정하면 된다.

```
interface Person {
  hairColor: string;
  age: number;
}
```

인터페이스에 선택 항목을 추가해서 프로그램 내에서 유연성을 확보할 수도 있다. 다음 예제의 alive?: Boolean;과 같은 구문을 사용해 선택 항목을 추가할 수 있다.

```
interface Person {
  hairColor: string;
  age: number;
  alive?: Boolean;
}
```

타입스크립트에서는 함수에 대한 인터페이스를 정의할 수 있다. 이렇게 하면 함수가 특정 타입의 매개변수를 받도록 보장할 수 있다. 다음 예제에서는 addNums 인터페이스의 인스턴스를 사용해 z 변수의 값을 x + y와 동일하게 설정했다.

```
interface AddNums {
  (num1: number, num2: number)
}
var x: number = 5;
var y: number = 10;

var newNum: AddNums;
newNum = function(num1: number, num2: number){
  var result: number = num1 + num2;
  document.write(result)
  return result;
}

var z = newNum(x, y);
```

인터페이스를 통해 배열의 형태를 정의할 수도 있다. 배열에 인덱스 타입을 지정해 객체의 인덱스로 쓸 수 있는 타입을 정의한 다음, 해당 인덱스의 반환 타입을 지정한다. 다음 예제를 보자.

```
interface Stringy {
  [index: number]: string;
}
var coolArray: Stringy;
coolArray = ["Apples", "Bananas"];
```

마지막으로 인터페이스로 클래스 구조를 정의할 수 있다. 함수 인터페이스와 마찬가지로 각 클래스 내에서 필요한 변수와 메서드를 설정할 수 있다. 이때 이것이 비공개 영역이 아닌 클래스의 공개 영역에만 해당한다는 점을 알아둘 필요가 있다(다음 절에서 클래스에 대해 더 자세히 설명하겠다). 다음 예제에서는 인터페이스에 name이라는 프로퍼티와 feed라는 메서드가 포함돼 있다.

```
interface PersonInterface {
  name: string;
  feed();
}
```

클래스

자바스크립트는 프로토타입 상속을 기반으로 하는 언어다. ECMAScript 6(ES6)과 타입스크립트 덕분에 클래스 기반 프로그래밍을 사용할 수 있다. 클래스를 설명하는 기반 속성을 사용해 프로그램에 집어넣은 객체를 설명할 수 있다.

타입스크립트에서 클래스를 정의하려면 "class 클래스명 { 코드 }" 구문을 사용한다. 다음 예제에서는 feed 함수가 포함된 Person 객체를 정의하는 간단한 클래스를 정의한다.

```
class Person {
  name: string;
  age: number;
  hungry: boolean = true;
  constructor(name: string, age?: number) {
    this.name = name;
    this.age = age;
  }
  feed() {
    this.hungry = false;
    return "Yummy!";
  }
}
var Brendan = new Person("Brendan", 21);
```

마지막 줄에서 new 키워드로 생성자를 호출하고 Brendan이라는 이름으로 클래스의 새 인스턴스를 초기화했다. 이 경우 클래스의 생성자 메서드를 통해 "Brendan"과 21을 매개변수로 전달해 Brendan이라는 사람을 만든다.

클래스에 feed 메서드가 있고, 이를 사용하고 싶다고 해보자. 사용법은 다음과 같다.

```
Brendan.feed()
```

클래스 상속

클래스는 상속할 수 있으며 메서드와 속성을 사용해 다른 클래스에 기능을 전달할 수 있다. 다음 예제는 SecretAgent라는 Person의 확장 버전을 만들고 여기에 Person에 없는 추가 프로퍼티를 부여하는 방법을 보여준다.

```
class SecretAgent extends Person {
  licenseToKill: boolean = true;
  weaponLoaded: boolean = true;
  unloadWeapon() {
    this.weaponLoaded = false;
    return "clip empty";
  }
  loadWeapon() {
    this.weaponLoaded = true;
    return "locked 'n' loaded";
  }
}

var doubleOSeven = new SecretAgent("James Bond");
let loadResult = doubleOSeven.loadWeapon();
let unloadResult = doubleOSeven.unloadWeapon();
let feedResult = doubleOSeven.feed();
```

이제 Person 클래스를 확장하는 SecretAgent 클래스가 만들어졌다. 이는 Person 클래스의 원본 feed 메서드를 여전히 호출할 수 있으면서 SecretAgent 클래스에 있는 몇 가지 추가 속성과 메서드도 제공된다는 뜻이다.

모듈

타입스크립트의 모듈(module)을 이용하면 코드를 여러 개의 파일로 구성할 수 있다. 이렇게 하면 파일을 더 짧고 유지보수하기 쉽게 만들 수 있다. 이것이 가능한 이유는 모듈을 통해 현재 작업 중인 모듈 내에서 필요한 기능을 가져올 수 있기 때문이다. 즉, 원하는 기능이 담긴 클래스를 내보냄으로써(export) 이 같은 작업을 수행할 수 있다.

다음 예제에서는 Person 클래스를 두 개의 개별 모듈로 나눈다.

```
module Person {
  export interface PersonInterface {
    name: string;
    hungry: boolean;
    feed();
```

```
    }
  }

  /// <reference path="Person.ts" />
  module Person {
    export class Person implements PersonInterface {
      name: string;
      age: number;
      hungry: boolean = true;
      constructor(name: string, age?: number) {
        this.name = name;
        this.age = age;
      }
      feed() {
        this.hungry = false;
        return 'Yummy!';
      }
    }
  }

var Brendan = newPerson("Brendan", 21);
```

이 예제에서 루트 모듈(root module)에는 Person 인터페이스가 있다. 하위 모듈은 루트 모듈을 가리키는 /// <reference path="Person.ts"/>로 시작해서 PersonInterface 인터페이스에 접근할 수 있다. 그런 다음 예제에서는 하위 모듈에서 Person 클래스를 만드는 작업을 진행한다.

함수

타입스크립트의 함수는 자바스크립트의 함수와 비슷하지만 기능이 더해졌다. 타입스크립트 함수를 이용하면 매개변수에 타입을 지정할 수 있고 함수가 반환할 타입을 지정할 수도 있다. 함수에 타입을 지정하는 것은 선택 사항이지만 함수에서 원치 않는 것을 반환하게 하고 싶지 않을 때 매우 유용하다.

타입스크립트를 이용하면 변수에 타입을 제공하는 것과 같은 방식으로 함수에 반환 타입을 지정할 수 있다. 먼저 함수의 이름과 매개변수를 선언한 다음, 함수의 타입을 지정하면 된다. 또한 매개변수에도 타입을 지정할 수 있다는 점을 기억하자. 다음 예제를 보자.

```
function hello(x: string, y: string): string{
  return x + ' ' + y;
}
```

인터페이스와 마찬가지로 타입스크립트 함수를 사용하면 선택 매개변수를 만들 수 있다. 이는 상황에 따라 매개변수가 필요하지 않을 수도 있을 때 유용하다. 한 가지 알아둬야 할 점은 선택 매개변수는 필수 매개변수 다음에 와야 하고, 그렇지 않으면 오류가 발생한다는 것이다. 다음 예제에서는 필수 매개변수인 name과 선택 매개변수인 prefWeapon을 받는 soldierOfGondor 함수를 보여준다.

```
function soldierOfGondor(name: string, prefWeapon?: string){
  return "Welcome " + name + " to the Gondor infantry."
}
```

타입스크립트 함수를 이용하면 기본 매개변수를 만들 수 있다. 기본 매개변수는 선택 사항으로서 값을 지정하지 않으면 기본값이 할당된다. 매개변수에 적절한 기본값을 설정해서 기본 매개변수를 만들면 된다.

```
function soldierOfGondor(name: string, prefWeapon = "Sword"){
  return "hello " + name + " you can pick up your " + prefWeapon + " at the armory.";
}
```

정리

타입스크립트를 이해하는 것은 앵귤러를 최대한 활용하는 데 굉장히 중요하나. 이번 상에서는 이 책의 나머지 내용을 진행하는 데 충분한 기본적인 타입스크립트의 프로퍼티와 메서드를 살펴봤다. 아울러 타입스크립트에서 다양한 타입을 사용하는 방법과 인터페이스, 클래스, 모듈, 함수를 작성하고 사용하는 법을 배웠다.

03

앵귤러 시작하기

앵귤러는 매우 깔끔하고 구조화된 접근법을 제공하므로 대부분의 웹 애플리케이션을 위한 완벽한 클라이언트 측 프레임워크다. 깔끔하고 구조화된 프런트엔드를 통해 깔끔하고 짜임새 있는 서버 측 로직을 훨씬 쉽게 구현할 수 있다.

이번 장에서는 앵귤러 및 앵귤러 애플리케이션과 관련된 주요 구성 요소를 소개한다. 프레임워크는 전통적인 자바스크립트 웹 애플리케이션 프로그래밍과 다르므로 앵귤러 애플리케이션을 구현하기 전에 이러한 구성 요소를 이해하는 것이 매우 중요하다.

앵귤러 애플리케이션의 구성 요소를 잘 이해하고 나면 기본적인 앵귤러 애플리케이션을 단계별로 구축하는 방법을 배운다. 그리고 나면 앵귤러 구현에 대한 자세한 내용을 설명하는 이후 장으로 넘어갈 준비가 끝날 것이다.

왜 앵귤러인가?

자바스크립트는 개발자가 웹 브라우저를 완전한 애플리케이션 플랫폼으로 사용할 수 있게 해주는 강력한 프로그래밍 언어다. 앵귤러는 클라이언트 측 자바스크립트 애플리케이션을 더욱 빠르고 쉽게 만들 수 있는 훌륭한 프레임워크를 제공한다. 개발자들이 앵귤러를 사용하는 이유는 앵귤러가 데이터 바인딩, 의존성 주입, HTTP 통신과 같은 웹 애플리케이션의 구조를 많이 제공하기 때문이며, 앵귤러를 사용하지 않는다면 팀에서 이러한 구조를 직접 개발해야 할 것이다.

앵귤러 이해하기

앵귤러는 자바스크립트 프레임워크다. 즉, 복잡한 클라이언트 측 코드를 쉽고 빠르게 작성하는 데 유용한 수많은 API와 구조를 제공한다. 앵귤러는 기능뿐 아니라 클라이언트 애플리케이션을 제작하기 위한 기본 프레임워크와 프로그래밍 모델을 제공하는 데도 탁월한 면모를 보여준다. 다음 절에서는 앵귤러 프레임워크의 가장 중요한 측면과 그러한 측면이 어떻게 앵귤러를 훌륭한 자바스크립트 프레임워크로 만드는 데 기여하는지 설명하겠다.

모듈

일반적으로 앵귤러 앱은 모듈식 설계를 사용한다. 반드시 그래야 하는 것은 아니지만 모듈을 이용하면 코드를 별도의 파일로 분리할 수 있으므로 사용하는 것이 좋다. 그러고 나면 각 파일의 기능에도 접근할 수 있으면서 코드 파일을 짧고 관리하기 쉽게 유지할 수 있다.

타입스크립트에서 모듈을 사용하는 방법과 달리 앵귤러에서는 파일의 맨 위에서 외부 모듈을 임포트(import)하고 필요한 기능을 맨 아래쪽에서 익스포트(export)한다. 다음 구문과 같이 import와 export라는 핵심 키워드를 이용해 이를 수행할 수 있다.

```
import {Component} from 'angular2/core';
export class App{}
```

디렉티브

디렉티브(directive)는 구조와 동작을 정의하는 메타데이터가 포함된 자바스크립트 클래스다. 디렉티브는 앵귤러 애플리케이션을 위한 UI 기능을 상당수 제공한다. 디렉티브의 세 가지 주요 유형은 다음과 같다.

- **컴포넌트(Component) 디렉티브**: 컴포넌트 디렉티브는 앵귤러 애플리케이션에 사용자 정의 HTML 요소로서 추가할 수 있는 독립형 UI 요소를 만들기 위해 HTML 템플릿과 자바스크립트 기능을 통합한 디렉티브다. 컴포넌트는 앵귤러에서 가장 많이 사용하는 디렉티브다.

- **구조(Structural) 디렉티브**: DOM을 조작해야 하는 경우 구조 디렉티브를 사용하면 된다. 구조 디렉티브를 이용하면 뷰에서 요소와 컴포넌트를 생성하거나 파괴할 수 있다.

- **속성(Attribute) 디렉티브**: 속성 디렉티브는 HTML 속성을 사용해 HTML 요소의 모양과 동작 방식을 변경한다.

데이터 바인딩

앵귤러의 가장 큰 특징 중 하나는 컴포넌트의 데이터를 웹 페이지에 표시된 것과 연결하는 과정을 일컫는 내장 데이터 바인딩(data binding)이다. 앵귤러는 모델 데이터를 웹 페이지의 요소에 연결하는 매우 깔끔한 인터페이스를 제공한다.

웹 페이지 상의 데이터가 변경되면 모델이 업데이트되고, 모델에서 데이터가 변경되면 웹 페이지가 자동으로 업데이트된다. 모델은 이런 식으로 항상 사용자에게 표시되는 데이터의 유일한 소스이고 뷰는 모델의 투영에 지나지 않는다.

의존성 주입

의존성 주입(dependency injection)은 어떤 컴포넌트가 다른 컴포넌트에 대한 의존성을 정의하는 프로세스다. 코드가 초기화되면 컴포넌트 내에서 의존 컴포넌트에 접근할 수 있게 된다. 앵귤러 애플리케이션에서는 의존성 주입을 많이 사용한다.

의존성 주입의 일반적인 용도는 서비스 사용이다. 예를 들어, HTTP 요청을 통해 웹 서버에 접근해야 하는 컴포넌트를 정의하는 경우 컴포넌트에 HTTP 서비스를 주입할 수 있으며, 컴포넌트 코드에서 해당 기능을 사용할 수 있다. 또한 앵귤러 컴포넌트는 의존성 주입을 통해 다른 컴포넌트의 기능을 활용한다.

서비스

서비스(service)는 앵귤러 환경의 주요 일꾼이다. 서비스는 웹 애플리케이션에 기능을 제공하는 싱글턴 클래스(singleton class)다. 예를 들어, 웹 애플리케이션의 일반적인 작업은 웹 서버에 AJAX 요청을 수행하는 것이다. 앵귤러는 웹 서버에 접근하기 위한 모든 기능이 담긴 HTTP 서비스를 제공한다.

서비스 기능은 컨텍스트나 상태와 완전히 독립적이므로 애플리케이션의 컴포넌트에서 손쉽게 사용할 수 있다. 앵귤러는 HTTP 요청, 로깅, 파싱, 애니메이션과 같은 기본적인 쓰임새를 위한 다양한 내장 서비스 컴포넌트를 제공한다. 또한 개발자가 직접 서비스를 만들어서 코드에서 재사용할 수도 있다.

책임의 분리

앵귤러 애플리케이션을 설계할 때 굉장히 중요한 부분은 책임의 분리(separation of responsibilities)다. 구조화된 프레임워크를 선택하는 가장 큰 이유는 코드가 잘 구현되고, 쉽게 이해하고, 유지보수가 용이하며, 테스트할 수 있도록 보장하기 위해서다. 앵귤러가 잘 구조화된 프레임워크를 제공하긴 하지만 여전히 적절한 방법으로 앵귤러를 구현할 필요가 있다.

다음은 앵귤러를 구현할 때 따라야 할 몇 가지 규칙이다.

- 뷰는 애플리케이션의 공식적인 표현 구조 역할을 한다. 모든 표현 논리는 뷰의 HTML 템플릿에서 디렉티브로 나타내야 한다.

- DOM 조작을 수행해야 하는 경우 내장 또는 사용자 정의 디렉티브 자바스크립트 코드에서 수행하고 다른 곳에서는 수행하지 않는다.

- 재사용 가능한 모든 태스크를 서비스로 구현하고 의존성 주입을 사용해 모듈에 추가한다.

- 메타데이터가 모델의 현재 상태를 반영하고 뷰에서 사용하는 데이터는 모델에서만 가져오게 한다.

- 컨트롤러(controller)를 전역적으로 정의하지 말고 모듈 네임스페이스 내에 정의함으로써 애플리케이션을 손쉽게 패키지화할 수 있게 하고 전역 네임스페이스를 복잡하게 만들지 않는다.

앵귤러 개발 환경 설정

앵귤러를 시작하려면 먼저 사용할 준비를 하기 위해 몇 가지 사항을 설정해야 한다. 필요한 사항은 다음과 같다.

- 앵귤러 애플리케이션을 만들기 위한 앵귤러 라이브러리

- 브라우저에 파일을 제공하기 위한 웹 서버

- 타입스크립트 코드를 자바스크립트 코드로 변환하는 트랜스파일러(transpiler)

- 파일이 변경됐을 때 트랜스파일러가 이를 알 수 있게 만들어주는 감시자(watcher)

- 코드를 작성하는 편집기

> **참고**
>
> 비주얼 스튜디오 코드(Visual Studio Code, https://code.visualstudio.com/)를 사용하길 권장한다. 비주얼 스튜디오 코드는 훌륭한 타입스크립트 및 앵귤러 지원 기능을 내장하고 있으며, 갖가지 확장 기능을 사용할 수 있는 경량 편집기다.

다행히 앵귤러 팀이 대부분의 작업을 해뒀다. 개발자는 이 같은 작업을 다룬 앵귤러 **빠른 시작**(QuickStart) 웹 페이지로 가기만 하면 된다. 앵귤러 **빠른 시작** 웹 페이지[1]에서는 앵귤러의 기초를 안내한다. 이곳에서는 앵귤러의 명령행 인터페이스(command-line interface, CLI)에 대한 기초도 설명하고 있다.

> **참고**
>
> 앵귤러를 학습하는 동안 CLI를 사용하길 권장한다. CLI는 모든 부트스트랩 및 환경설정 파일을 생성한다. 또한 코드를 테스트하기 위한 경량 서버도 포함돼 있다.

앵귤러 CLI

앵귤러에서는 앵귤러 애플리케이션을 제작하는 과정을 훨씬 더 능률적으로 만들어주는 강력한 CLI를 제공한다. CLI를 이용하면 새로운 앵귤러 애플리케이션, 컴포넌트, 디렉티브, 파이프, 서비스를 빠르게 생성할 수 있다. 다음 절에서는 CLI를 통해 사용할 수 있는 가장 중요한 도구 중 일부를 살펴보겠다.

CLI를 활용한 콘텐츠 생성

CLI의 가장 일반적인 목적 중 하나는 애플리케이션용 콘텐츠를 생성하는 것이다. CLI는 새 앵귤러 애플리케이션을 생성하고 부트스트랩하는 과정을 자동화해서 애플리케이션의 핵심부를 구현하는 데 집중할 수 있게 해준다.

명령행에서 ng new [애플리케이션명] 명령을 실행해 새 앵귤러 애플리케이션을 생성한다. 새로 생성된 애플리케이션으로 들어가면 여러 유용한 명령을 실행할 수 있다. 표 3.1은 CLI에서 제공하는 가장 중요한 명령 중 일부다.

---

1   https://angular.io/guide/quickstart

표 3.1 앵귤러 CLI 명령 옵션

명령	별칭	용도
ng new		새 앵귤러 애플리케이션을 생성한다
ng serve		테스트를 위해 앵귤러 애플리케이션을 빌드하고 실행한다
ng eject		웹팩(webpack) 환경설정 파일을 편집 가능하게 만든다
ng generate component [name]	ng g c [name]	새 컴포넌트를 생성한다
ng generate directive [name]	ng g d [name]	새 디렉티브를 생성한다
ng generate module [name]	ng g m [name]	모듈을 생성한다
ng generate pipe [name]	ng g p [name]	파이프를 생성한다
ng generate service [name]	ng g s [name]	서비스를 생성한다
ng generate enum [name]	ng g e [name]	열거형을 생성한다
ng generate guard [name]	ng g g [name]	가드(guard)를 생성한다
ng generate interface [name]	ng g i [name]	인터페이스를 생성한다

CLI에서 제공하는 모든 내용에 대한 자세한 사항은 이 책의 범위를 벗어나지만 사용법을 배워둘 만한 가치가 있다.

기본적인 앵귤러 애플리케이션 생성

이제 앵귤러 CLI의 기본적인 사항을 이해했으므로 앵귤러 코드를 구현할 준비가 끝났다. 이번 절에서는 인라인 템플릿, 인라인 스타일시트, Component 클래스가 포함된 앵귤러 컴포넌트를 구현하는 매우 기본적인 앵귤러 애플리케이션을 단계별로 설명하겠다.

이 예제를 진행하기에 앞서 여러분이 앵귤러 빠른 시작 가이드를 실습했고 CLI의 기초를 이해하고 있다고 가정한다. 가장 먼저 할 일은 프로젝트를 저장할 디렉터리를 만드는 것이다.

디렉터리를 준비하고 나면 다음 단계는 첫 번째 앵귤러 애플리케이션을 생성하는 것이다. 이 예제의 애플리케이션을 만들기 위해 다음 명령을 실행한다.

```
ng new first
```

그런 다음 아래 명령을 실행해 애플리케이션을 렌더링할 서버를 실행한다.

```
ng serve
```

다음 절에서는 앵귤러 애플리케이션과 각 단계와 관련된 코드를 구현하는 데 필요한 중요 단계에 대해 설명하겠다. 이러한 각 단계는 이후 장에서 더 자세히 설명하고 있으므로 이번 장에서 모든 것을 이해하려고 애쓸 필요는 없다. 이 시점에서 중요한 것은 HTML, 컴포넌트, 클래스, 부트스트랩을 구현하는 과정과 일반적으로 각각이 서로 상호작용하는 방식을 이해하는 것이다.

그림 3.1은 생성하려는 웹 애플리케이션을 보여준다. 이 애플리케이션에서는 앵귤러 컴포넌트로 출력된 간단한 메시지를 보여준다.

그림 3.1 컴포넌트를 이용해 HTML 템플릿을 뷰에 로드하는 기본적인 앵귤러 웹 애플리케이션 구현

첫 앵귤러 앱 만들기

이제 앵귤러가 어떻게 작동하는지 살펴봤으므로 실제 예제로 들어가보자. 이 예제는 CLI로 생성한 내용을 크게 변경하지는 않지만 앵귤러 애플리케이션의 여러 부분을 익히는 데 도움될 것이다.

우선 애플리케이션 디렉터리에서 src/app/app.component.ts 파일로 이동한다. 기존 파일의 내용을 다음과 같이 변경한다[2].

---

2   (옮긴이) 대체할 내용은 예제 파일의 ch03/app.component.ts에서 찾을 수 있다.

```
01 import from '@angular/core';
02 @Component({
03   selector: 'message',
04   template: `
05     <h1>Hello World!</h1>
06   `,
07 })
08 export class Chap3Component {
09   title = 'My First Angular App';
10 }
```

첫 번째 줄에서는 컴포넌트 모듈을 임포트한다. 그런 다음 컴포넌트 데코레이터(decorator)를 정의하고 이곳에 선택자(selector)와 템플릿을 지정한다. 선택자는 컴포넌트에 지정된 이름이고 템플릿은 컴포넌트가 생성할 HTML이다. 이번 예제를 위해 3~6번째 줄의 셀렉터와 템플릿으로 변경하고 9번째 줄의 title 변수도 변경했다.

데코레이터를 정의하고 나서 8~10번째 줄에서는 export 클래스를 작성해서 컴포넌트 템플릿에서 사용할 수 있는 변수와 함수를 정의할 뿐만 아니라 애플리케이션의 나머지 부분에서도 컴포넌트를 사용할 수 있게 한다.

NgModule의 이해와 활용

이제 컴포넌트를 만들었으므로 나머지 앱에서 해당 컴포넌트에 대해 알려줄 수단이 필요하다. 이 경우 앵귤러에서 NgModule을 임포트하면 된다. NgModule은 특정 모듈에 대한 모든 임포트, 선언, 부트스트랩(bootstrap) 파일을 한 곳에 배치할 수 있는 앵귤러 데코레이터다. 이렇게 하면 규모가 큰 애플리케이션의 모든 파일을 아주 쉽게 부트스트랩할 수 있다. NgModule에는 다양한 것들을 임포트하고 익스포트하고 부트스트랩할 수 있는 여러 메타데이터 옵션을 제공한다.

- providers: 현재 모듈의 인젝터(injector)에서 사용할 수 있는 주입 가능한 객체의 배열이다.

- declarations: 현재 모듈에 속하는 디렉티브, 파이프 및/또는 컴포넌트의 배열이다.

- imports: 현재 모듈 내의 다른 템플릿에서 사용할 수 있는 디렉티브, 파이프 및/또는 컴포넌트의 배열이다.

- exports: 현재 모듈을 임포트하는 컴포넌트 내에서 사용할 수 있는 디렉티브, 파이프 및/또는 모듈의 배열이다.

- entryComponents: 컴파일되어 현재 모듈이 정의될 때 생성되는 컴포넌트 팩토리를 갖게 될 컴포넌트의 배열이다.

- bootstrap: 현재 모듈이 부트스트랩될 때 부트스트랩될 컴포넌트 배열이다.

- schemas: 디렉티브나 컴포넌트가 아닌 요소와 프로퍼티의 배열이다.

- id: 모듈을 식별하는 고유한 ID 역할을 하는 간단한 문자열이다.

흔히 그렇듯이 실습을 통해 배우는 것이 가장 쉬우므로 곧바로 NgModule을 사용하는 것을 시작해보자. app 폴더의 app.module.ts라는 파일로 이동한다. 기존 파일의 내용을 다음과 같이 변경한다.[3]

```
01 import { BrowserModule } from '@angular/platform-browser';
02 import { NgModule } from '@angular/core';
03 import { FormsModule } from '@angular/forms';
04 import { HttpModule } from '@angular/http';
05
06 import { Chap3Component } from './app.component';
07
08 @NgModule({
09   declarations: [
10     Chap3Component
11   ],
12   imports: [
13     BrowserModule,
14     FormsModule,
15     HttpModule
16   ],
17   providers: [],
18   bootstrap: [Chap3Component]
19 })
20 export class AppModule { }
```

먼저 앱에 있는 NgModule, BrowserModule, 사용자 정의 컴포넌트, 디렉티브, 서비스 등을 임포트한다. 다음으로, 모든 것을 함께 부트스트랩하도록 @NgModule 객체를 설정한다. 컴포넌트

3　(옮긴이) 대체할 내용은 예제 파일의 ch03/app.module.ts에서 찾을 수 있다.

를 임포트할 때 bootstrap 프로퍼티에는 컴포넌트의 익스포트 클래스명을 지정했다. 마지막으로 AppModule이라는 클래스를 익스포트한다.

앵귤러 부트스트래퍼 만들기

이제 컴포넌트와 모듈을 살펴봤으므로 나머지 애플리케이션에 그것들을 알려줄 수단이 필요하다. platformBrowserDynamic을 통해 앵귤러로부터 부트스트래퍼(bootstrapper)를 임포트해서 이를 수행할 수 있다.

src 폴더의 main.ts 파일을 열면 다음과 같은 내용이 나타난다.

```
01 import { enableProdMode } from '@angular/core';
02 import { platformBrowserDynamic } from '@angular/platform-browser-dynamic';
03
04 import { AppModule } from './app/app.module';
05 import { environment } from './environments/environment';
06
07 if (environment.production) {
08   enableProdMode();
09 }
10
11 platformBrowserDynamic().bootstrapModule(AppModule)
12   .catch(err => console.log(err));
```

보다시피 enableProdMode, platformBrowserDynamic, AppModule, environment를 임포트했다. enableProdMode는 배포 애플리케이션에 대해 앵귤러의 최적화 기법을 사용한다. platformBrowserDynamic은 다음 코드와 같이 애플리케이션 모듈인 AppModule을 사용해 애플리케이션을 함께 부트스트랩하는 데 사용된다.

```
platformBrowserDynamic().bootstrapModule(AppModule)
```

environment(환경 변수)는 애플리케이션의 상태, 즉 개발 모드로 배포해야 할지 배포 모드로 배포해야 할지 결정한다.

그리고 나면 platformBrowserDynamic 함수를 호출한다. 이 함수의 반환값에는 모듈을 사용하는 역할을 하는 bootstrapModule() 메서드가 포함돼 있다. 이때 컴포넌트를 임포트하고 부트스트랩할 때 사용하는 이름은 컴포넌트의 익스포트 클래스와 같다는 것을 눈여겨보자.

이제 명령 프롬프트를 열고 프로젝트의 루트 디렉터리로 이동한 다음, ng serve 명령을 실행한다. 이 명령을 실행해 코드를 컴파일하고 브라우저 창을 연다. 브라우저에서 로컬호스트(local host)와 포트를 지정해야 할 수도 있다. 이 명령을 사용하면 다음 예제와 같이 브라우저에서 열어야 할 URL이 출력된다.

```
** NG Live Development Server is running on http://localhost:4200 **
```

예제 3.1은 애플리케이션을 로드하는 index.html 파일이다. 12번째 줄은 message 컴포넌트가 적용될 곳을 보여준다.[4]

예제 3.2는 컴포넌트를 부트스트랩하는 앵귤러 모듈을 보여준다. 1~4번째 줄은 Browser Module, NgModule, FormsModule, HttpModule과 같은 앵귤러 모듈을 임포트하는 모습을 보여준다. 6번째 줄은 Chap3Component 앵귤러 컴포넌트를 임포트하는 모습을 보여준다. 9~11번째 줄은 컴포넌트를 선언하는 모습을 보여준다. 12~16번째 줄은 임포트한 모듈을 애플리케이션에서 사용할 수 있도록 만들어주는 imports 배열을 보여준다. 18번째 줄에서는 애플리케이션의 메인 컴포넌트를 부트스트랩한다.

> **참고**
>
> 이 애플리케이션에서는 FormsModule이나 HttpModule을 실행할 필요가 없다. 그러나 이러한 모듈을 포함한 이유는 추가 모듈을 애플리케이션으로 임포트하는 구문을 보여주기 위해서다.

예제 3.3은 message 선택자가 포함된 앵귤러 컴포넌트를 보여준다. 이 컴포넌트는 브라우저에 'Hello World!' 메시지를 표시한다.

▶ **예제 3.1** index.html: 첫 번째 컴포넌트를 로드하는 간단한 앵귤러 템플릿

```
01 <!doctype html>
02 <html>
03 <head>
04   <meta charset="utf-8">
05   <title>First</title>
06   <base href="/">
07
```

---

4 CLI를 통해 자동 생성된 코드에는 `<app-root></app-root>`로 돼 있을 것이다. 이 부분을 예제의 `<message>Loading…</message>`로 변경하면 된다.

```
08  <meta name="viewport" content="width=device-width, initial-scale=1">
09  <link rel="icon" type="image/x-icon" href="favicon.ico">
10 </head>
11 <body>
12  <message>Loading...</message>
13 </body>
14 </html>
```

▶ 예제 3.2 app.module.ts: 애플리케이션을 부트스트랩하는 앵귤러 모듈

```
01 import { BrowserModule } from '@angular/platform-browser';
02 import { NgModule } from '@angular/core';
03 import { FormsModule } from '@angular/forms';
04 import { HttpModule } from '@angular/http';
05
06 import { Chap3Component } from './app.component';
07
08 @NgModule({
09   declarations: [
10     Chap3Component
11   ],
12   imports: [
13     BrowserModule,
14     FormsModule,
15     HttpModule
16   ],
17   providers: [],
18   bootstrap: [Chap3Component]
19 })
20 export class AppModule { }
```

▶ 예제 3.3 app.component.ts: 앵귤러 컴포넌트

```
01 import {Component} from '@angular/core';
02 @Component({
03   selector: 'message',
04   template: `
05     <h1>Hello World!<h1>
06   `,
07 })
08 export class Chap3Component {
09   title = 'Chapter 3 Example';
10 }
```

예제 3.4와 3.5는 예제 3.2와 3.3의 타입스크립트 파일에서 컴파일된 자바스크립트 코드를 보여준다.

> **참고**
>
> 이 책에서는 이번 한 번만 컴파일된 자바스크립트 파일은 보여주는데, 그 이유는 애플리케이션을 컴파일하고 실행할 때 이 파일이 자동으로 생성되고 이 책의 가독성을 유지하기 위해서다.

▶ **예제 3.4** app.module.js: 애플리케이션을 부트스트랩하는 앵귤러 모듈의 자바스크립트 버전

```
01 "use strict";
02 var __decorate = (this && this.__decorate) ||
03     function (decorators, target, key, desc) {
04     var c = arguments.length, r = c < 3 ? target :
05         desc === null ? desc = Object.getOwnPropertyDescriptor(target, key) : desc, d;
06     if (typeof Reflect === "object" && typeof Reflect.decorate === "function")
07         r = Reflect.decorate(decorators, target, key, desc);
08     else for (var i = decorators.length - 1; i >= 0; i--)
09         if (d = decorators[i]) r = (c < 3 ? d(r) : c > 3 ? d(target, key, r)
10             : d(target, key)) || r;
11     return c > 3 && r && Object.defineProperty(target, key, r), r;
12 };
13 exports.__esModule = true;
14 var platform_browser_1 = require("@angular/platform-browser");
15 var core_1 = require("@angular/core");
16 var forms_1 = require("@angular/forms");
17 var http_1 = require("@angular/http");
18 var app_component_1 = require("./app.component");
19 var AppModule = (function () {
20     function AppModule() {
21     }
22     AppModule = __decorate([
23         core_1.NgModule({
24             declarations: [
25                 app_component_1.Chap3Component
26             ],
27             imports: [
28                 platform_browser_1.BrowserModule,
29                 forms_1.FormsModule,
30                 http_1.HttpModule
```

```
31              ],
32              providers: [],
33              bootstrap: [app_component_1.Chap3Component]
34          })
35      ], AppModule);
36      return AppModule;
37 }());
38 exports.AppModule = AppModule;
```

▶ 예제 3.5 app.component.js: 앵귤러 컴포넌트 파일의 자바스크립트 버전

```
01 "use strict";
02 var __decorate = (this && this.__decorate)
03      || function (decorators, target, key, desc) {
04      var c = arguments.length, r = c < 3
05          ? target : desc === null
06          ? desc = Object.getOwnPropertyDescriptor(target, key) : desc, d;
07      if (typeof Reflect === "object" && typeof Reflect.decorate === "function")
08          r = Reflect.decorate(decorators, target, key, desc);
09      else for (var i = decorators.length - 1; i >= 0; i--)
10          if (d = decorators[i]) r = (c < 3 ? d(r) : c > 3
11              ? d(target, key, r) : d(target, key)) || r;
12      return c > 3 && r && Object.defineProperty(target, key, r), r;
13 };
14 exports.__esModule = true;
15 var core_1 = require("@angular/core");
16 var Chap3Component = (function () {
17      function Chap3Component() {
18          this.title = 'Chapter 3 Example';
19      }
20      Chap3Component = __decorate([
21          core_1.Component({
22              selector: 'message',
23              template: "\n    <h1>Hello World!<h1>\n  "
24          })
25      ], Chap3Component);
26      return Chap3Component;
27 }());
28 exports.Chap3Component = Chap3Component;
```

정리

앵귤러 프레임워크는 웹사이트 및 웹 애플리케이션을 제작하는 데 매우 구조적인 방법을 제공한다. 앵귤러는 매우 깔끔하고 컴포넌트화된 접근법을 사용해 웹 애플리케이션을 구성한다. 앵귤러는 데이터 바인딩을 사용해 데이터 소스가 하나만 존재하도록 보장한다. 또한 HTML 기능을 확장하는 디렉티브가 포함된 템플릿을 활용하므로 완전히 맞춤화된 HTML 컴포넌트를 구현할 수 있다.

이번 장에서는 앵귤러 애플리케이션의 여러 컴포넌트 및 컴포넌트가 서로 상호작용하는 방법을 살펴봤다. 이번 장의 마지막 부분에서는 컴포넌트, 모듈, 부트스트래퍼를 비롯해 기본적인 앵귤러 애플리케이션을 구현하는 방법을 보여주는 자세한 예제를 살펴봤다.

04

앵귤러 컴포넌트

앵귤러 컴포넌트는 앵귤러 애플리케이션을 만드는 데 사용하는 기본 요소다. 앵귤러 컴포넌트를 이용하면 애플리케이션에 대한 독립형 UI 요소를 만들 수 있다. 또한 타입스크립트 코드와 HTML 템플릿을 통해 애플리케이션의 형태와 기능을 제어할 수 있다. 이번 장에서는 UI 요소의 모양과 동작을 정의하는 타입스크립트 클래스를 이용해 앵귤러 컴포넌트를 작성하는 방법을 살펴보겠다.

컴포넌트 설정

앵귤러 컴포넌트는 데코레이터 영역의 정의 및 로직을 정의하는 클래스 영역으로 두 가지 주요 부분으로 구성된다. 데코레이터 영역은 선택자 이름과 HTML 템플릿을 비롯해 컴포넌트를 설정하는 데 사용된다. 클래스 영역을 이용하면 컴포넌트에 로직, 데이터, 이벤트 핸들러를 제공할 수 있을뿐더러 다른 타입스크립트 파일에서 사용할 수 있도록 익스포트할 수 있다.

이 두 영역만 있어도 기본적인 컴포넌트를 만들 수 있다. 다음 예제는 컴포넌트의 형태를 보여준다.

```
import { Component } from '@angular/core';
@Component({
  selector: 'my-app',
  template: '<p>My Component</p>'
})
```

```
export class AppComponent{
  title = 'Chapter 1 Example';
}
```

컴포넌트를 만들려면 앵귤러에서 Component를 임포트한 다음 타입스크립트 클래스에 적용해야 이를 이용해 컴포넌트의 모양과 기능을 제어할 수 있다. @Component 데코레이터에는 몇 가지 이해해야 할 컴포넌트 환경설정 옵션이 있다. 다음 목록은 사용 가능한 가장 중요한 옵션을 보여준다.

- selector: 이 옵션을 사용하면 HTML을 통해 애플리케이션에 컴포넌트를 추가하는 데 사용되는 HTML 태그명을 정의할 수 있다.

- template: 이 옵션을 이용하면 인라인 HTML을 추가해서 컴포넌트의 모양을 정의할 수 있다. 이 옵션은 추가할 코드가 별로 없을 때 사용하며, 별도 파일이 필요하지 않을 때도 유용하다.

- templateUrl: 이 옵션을 이용하면 인라인 HTML이 아닌 외부 템플릿 파일을 임포트할 수 있다. 이 옵션은 컴포넌트에서 많은 양의 HTML 코드를 분리해서 유지보수를 용이하게 하는 데 유용하다.

- styles: 이 옵션을 이용하면 컴포넌트에 인라인 CSS를 추가할 수 있다. 사소한 스타일 변경이 필요할 때만 이 옵션을 사용한다.

- stylesUrls: 이 옵션을 이용하면 외부 CSS 스타일시트의 배열을 임포트할 수 있다. 외부 CSS 파일을 가져올 때는 styles가 아닌 이 옵션을 사용해야 한다.

- viewProviders: 의존성 주입 제공자의 배열이다. 이 옵션을 이용하면 HTTP 통신 같은 애플리케이션 기능을 제공하는 앵귤러 서비스를 임포트하고 사용할 수 있다.

선택자 정의

컴포넌트에서 선택자는 앵귤러가 HTML에서 컴포넌트를 어디에 적용할지 알려준다. HTML에 앵귤러 컴포넌트를 적용하려면 선택자를 지정한 다음 선택자 이름을 HTML 파일에서 태그명으로 사용하면 된다. 이렇게 하면 앵귤러 컴포넌트의 기능을 HTML에서 사용할 수 있다. 다음은 선택자의 예다.

```
@Component({
  selector: 'angular-rules'
})
```

다음 구문을 사용해 선택자를 HTML 파일에 추가할 수 있다.

```
<angular-rules></angular-rules>
```

> **참고**
>
> 선택자 이름을 정의할 때는 공백이 없어야 한다는 점에 유의하자. 예를 들어, 선택자의 이름을 angular rules라고 지을 수는 없지만 angular-rules나 angular_rules라고 지을 수는 있다.

템플릿 만들기

앵귤러 컴포넌트의 모양을 정의하려면 템플릿을 사용하면 된다. 템플릿은 HTML로 작성하지만 앵귤러 마법을 통해 멋진 것들을 할 수 있다. 앵귤러에서는 인라인 템플릿과 외부 템플릿 파일을 모두 사용할 수 있다.

앵귤러 @Component 데코레이터에 템플릿을 추가할 수 있다. 한 줄짜리 템플릿의 경우 작은따옴표나 큰따옴표로 감싸면 된다. 여러 줄 템플릿의 경우 역따옴표(`)를 사용하는데, 일반적으로 역따옴표는 키보드 좌측 상단의 물결표(~)와 같은 키에 있다. 역따옴표를 사용할 때 정확하게 입력하지 않으면 코드가 망가지므로 매우 조심해서 써야 한다. 다음은 한 줄짜리 템플릿과 여러 줄짜리 템플릿을 비교한 예다.

```
@Component({
  selector: 'my-app',
  template: '<h1>Hello World!</h1>'
})

@Component({
  selector: 'my-app',
  template: `
<h1>Hello World!</h1>
  `
})
```

> **참고**
>
> template와 styles 설정 옵션의 경우 일반적으로 물결표(~)와 동일한 키에 위치한 역따옴표(')를 사용해야 한다.

템플릿에 적용되는 것과 동일한 원칙이 CSS에도 적용된다. 컴포넌트에 인라인 스타일 지정에 대해 알려줄 때는 styles 키워드를 사용하면 된다. 유일한 주요 차이점은 styles가 단 하나의 문자열이 아닌 문자열의 객체를 받는다는 것이다. 다음 예제는 몇 가지 인라인 스타일을 보여 준다.

```
@Component ({
    selector: 'my-app',
    template: '<p>hello world</p>',
    styles: [`
        p {
            color: yellow;
            font-size: 25px;
        }
    `]
})
```

> **참고**
>
> 여러 줄 스타일시트에는 역따옴표를 사용해야 한다.

앵귤러 애플리케이션에서 인라인 CSS 및 HTML 사용하기[5]

지금까지 앵귤러 컴포넌트에서 HTML과 CSS를 구현하는 방법을 배웠다. 이번 절에서는 그러한 지식을 토대로 하는 예제를 만들겠다.

이번 실습에서는 앵귤러 컴포넌트가 외부 템플릿과 스타일시트를 사용하고 포함하는 방법을 보여주겠다. 이번 실습의 목적은 이러한 템플릿을 사용해 어떻게 더 읽기 쉽고 관리하기 쉬운 코드를 작성할 수 있는지 보여주는 데 있다.

---

5 (옮긴이) 관련 소스코드를 예제 파일의 ch04/intro에서 찾을 수 있다.

예제 4.1의 코드는 앵귤러 컴포넌트다. 1번째 줄에서는 컴포넌트를 정의하는 데 필요한 Component를 임포트한다. 3~18번째 줄에서는 컴포넌트를 정의한다. 이 컴포넌트에는 5~7번째 줄에 나와 있는 것과 같이 매우 간단한 템플릿이 있고 8~14번째 줄에 CSS 스타일이 있다.

그림 4.1은 렌더링된 완성된 앵귤러 컴포넌트를 보여준다.

▶ **예제 4.1** intro.ts: 간단한 앵귤러 템플릿과 스타일을 이용한 〈span〉 요소 표시

```
01 import { Component } from '@angular/core';
02
03 @Component({
04   selector: 'app-root',
05   template: `
06     <span>Hello my name is Brendan</span>
07   `,
08   styles:[`
09     span {
10       font-weight: bold;
11       border: 1px ridge blue;
12       padding: 5px;
13     }
14   `]
15 })
16 export classAppComponent {
17   title = 'Chapter 4 Intro';
18 }
```

그림 4.1 뷰에 HTML 템플릿과 스타일을 로드하는 기본적인 앵귤러 웹 애플리케이션 구현

생성자 활용[6]

앵귤러를 사용할 때 컴포넌트 변수에 대한 기본값과 초기 설정이 필요할 때가 많다. 앵귤러는 생성자(constructor)를 사용해 컴포넌트의 기본값을 제공한다. 이번 절에서는 생성자를 만들고 구현하는 방법을 설명하겠다.

생성자는 컴포넌트 클래스에 들어간다. 생성자의 목적은 해당 클래스의 변수에 대한 기본값과 초기 설정을 지정해 해당 변수가 컴포넌트 내에서 사용될 때 절대로 초기화되지 않은 상태로 두지 않게 하는 데 있다. 다음은 생성자 구문의 예다.

```
export class UsingAConstructor {
  name: string;
  constructor(){
    this.name = "Brendan";
  }
}
```

이제 생성자가 무엇이고 어떻게 생겼는지 배웠으므로 이를 사용하는 예제를 살펴보자. 이번 실습에서는 생성자를 사용해 컴포넌트가 만들어질 때 현재 날짜를 정의하겠다.

예제 4.2는 simple-constructor라는 선택자와 간단한 템플릿이 포함된 앵귤러 컴포넌트를 보여준다. 참고로 6번째 줄의 {{today}}는 데이터 바인딩의 한 형태로서 6장 "데이터 바인딩"에서 자세히 설명하고 있다. 지금은 생성자가 어떻게 작동하는지에 집중하자.

그림 4.2는 렌더링된 앵귤러 컴포넌트를 보여준다.

▶ **예제 4.2** app.component.ts: 날짜를 표시하는 간단한 컴포넌트

```
01 import { Component } from '@angular/core';
02
03 @Component({
04   selector: 'simple-constructor',
05   template: `
06     <p>Hello today is {{today}}!</p>
07   `,
```

---

6 (옮긴이) 관련 소스코드를 예제 파일의 ch04/constructors에서 찾을 수 있다.

```
08  })
09  export class UsingAContstructor {
10    today: Date
11    constructor() {
12      this.today = new Date();
13    }
14  }
```

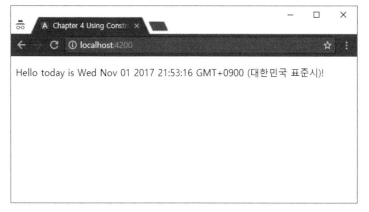

그림 4.2 생성자를 이용해 기본 변수를 정의하는 기본적인 앵귤러 웹 애플리케이션 구현

외부 템플릿 활용[7]

템플릿과 스타일시트를 앵귤러 컴포넌트에 통합하는 또 다른 방법은 별도의 파일을 사용하는 것이다. 이렇게 하면 파일이 하는 일을 구분할 수 있으므로 편리하다. 또한 컴포넌트를 읽기도 더 쉬워진다. @Component 데코레이터에서 templateUrl 키워드 다음에 애플리케이션의 루트와 템플릿 HTML 파일의 경로를 지정한다. 다음 예제를 보자.

```
@Component ({
  selector: 'my-app',
  templateUrl: "./view.example.html"
})
```

---

7 (옮긴이) 관련 소스코드를 예제 파일의 ch04/externalTemplates에서 찾을 수 있다.

외부 스타일시트에 대해 알려주려면 styleUrls 키워드를 사용한다. 외부 템플릿과의 차이점은 하나 이상의 스타일시트 배열을 전달한다는 것이다. 다음 예제는 외부 스타일시트를 가져오는 방법을 보여준다.

```
@Component ({
  selector: 'my-app',
  templateUrl: "./view.example.html"
  styleUrls: ["./styles1.css", "./styles2.css"]
})
```

> **참고**
>
> styleUrls 설정 옵션은 콤마로 구분된 문자열 배열을 받는다.

이번 장 앞부분의 "템플릿 만들기" 절에서는 외부 HTML과 CSS 파일을 앵귤러 컴포넌트에 구현하는 방법을 배웠다. 이번 절의 예제는 해당 지식을 토대로 하고 외부 HTML 파일과 CSS 파일을 통합하는 앵귤러 애플리케이션을 안내하겠다.

예제 4.3에서는 app-root라는 선택자와 이 애플리케이션에 필요한 외부 파일을 연결하는 templateUrl과 styleUrls가 포함된 앵귤러 컴포넌트를 보여준다.

예제 4.4는 app.component.html이라는 외부 템플릿을 보여준다. 컴포넌트에서는 이 파일을 사용해 브라우저에서 뷰를 렌더링한다.

예제 4.5는 app.component.css라는 외부 스타일시트를 보여준다. 컴포넌트에서는 이 파일을 컴포넌트 템플릿 파일에 적용한다.

그림 4.3은 렌더링된 완성된 앵귤러 컴포넌트를 보여준다.

▶ **예제 4.3** app.component.ts: 외부 파일 의존성이 있는 앵귤러 컴포넌트

```
01 import { Component } from '@angular/core';
02
03 @Component({
04   selector: 'app-root',
05   templateUrl: './app.component.html',
06   styleUrls: ['./app.component.css']
```

```
07 })
08 export class AppComponent {
09    title = 'Chapter 4 Using External templates and styles';
10 }
```

▶ **예제 4.4** app.component.html: 컴포넌트에서 가져와 사용하기 위한 HTML 템플릿 파일

```
01 <h1>Congratulations</h1>
02 <p>
03    You've successfully loaded an external html file.
04    <span>
05      If I'm red then You managed to get the styles in there as well
06    </span>
07 </p>
```

▶ **예제 4.5** app.component.css: 컴포넌가 템플릿에 적용할 CSS 스타일시트

```
01 span{
02    color: red;
03    border: 2px solid red;
04 }
```

그림 4.3 외부 HTML 템플릿과 스타일시트를 뷰에 로드하는 기본적인 앵귤러 웹 애플리케이션 구현

의존성 주입

의존성 주입은 완전히 이해하기가 어려운 개념일 수 있다. 하지만 의존성 주입은 앵귤러에서 매우 중요한 부분이며 의존성 주입의 기초를 이해하면 앵귤러 구현을 매우 명확하게 이해할 수

있게 된다. 의존성 주입은 여러 서버 측 언어에서 잘 알려진 디자인 패턴이지만 앵귤러가 등장할 때까지 자바스크립트 프레임워크에서는 광범위하게 활용되지 않았다.

앵귤러 의존성 주입의 개념은 의존성 객체를 정의하고 동적으로 다른 객체에 주입해서 의존성 객체가 제공하는 모든 기능을 사용할 수 있게 하는 것이다. 앵귤러에서는 providers와 인젝터 서비스를 통해 의존성 주입을 제공한다.

앵귤러에서 다른 디렉티브나 컴포넌트에 의존성 주입을 사용하려면 애플리케이션에 대한 모듈 내에서 @NgModule 데코레이터의 declarations 메타데이터에 디렉티브나 컴포넌트의 클래스명을 추가해야 한다. 이때 애플리케이션으로 임포트된 디렉티브 배열을 사용한다. declarations 배열의 구문은 다음과 같다.

```
...
declarations: [ OuterComponent, InnerComponent ],
...
```

의존성 주입을 이용한 중첩 컴포넌트 제작[8]

앞에서 의존성 주입이 무엇이고 컴포넌트와 디렉티브에 의존성 주입을 사용하는 법을 배웠다. 이번 절에서는 앞에서 배운 내용을 토대로 중첩된 컴포넌트를 만드는 법을 살펴보겠다. 이번 절에서는 보조 컴포넌트가 있는 컴포넌트가 포함된 앵귤러 애플리케이션을 단계별로 만들겠다.

예제 4.6은 외부 템플릿과 스타일시트를 로드하는 app.component.ts 파일을 보여준다.

예제 4.7은 app.component.ts 파일이 로드하는 app.component.html 템플릿 파일을 보여준다. 여기서 nested라는 HTML 태그는 내부 컴포넌트를 로드하는 데 사용하는 사용자 정의 HTML 태그라는 점을 눈여겨보자. 이는 메인 HTML 파일에서 외부 컴포넌트를 로드하는 것과 완전히 동일한 방식이다.

예제 4.8은 외부 컴포넌트와 그것의 자식 컴포넌트의 기본 스타일을 제공하는 app.component.css 파일을 보여준다. 이러한 스타일은 내부 컴포넌트에 상속된다.

---

8 (옮긴이) 관련 소스코드를 예제 파일의 ch04/nested에서 찾을 수 있다.

예제 4.9는 inner.component.ts 파일을 보여준다. 이것은 외부 컴포넌트가 주입한 내부 컴포넌트다. 여기서는 외부 컴포넌트 내에서 이 디렉티브를 로드하는 데 사용된 이 컴포넌트에 대한 선택자가 nested라는 점을 눈여겨보자.

그림 4.4는 브라우저 창에서 완성된 애플리케이션을 보여준다.

▶ **예제 4.6** app.component.ts: 애플리케이션의 외부 컴포넌트

```
01 import { Component } from '@angular/core';
02
03 @Component({
04   selector: 'app-root',
05   templateUrl: './app.component.html',
06   styleUrls: ['./app.component.css']
07 })
08 export class AppComponent {
09   title = 'Nested Example';
10 }
```

▶ **예제 4.7** app.component.html: 뷰에 적용할 컴포넌트의 HTML 템플릿

```
01 <div>
02   <h1>the below text is a nested component</h1>
03   <nested></nested>
04 </div>
```

▶ **예제 4.8** app.component.css: 템플릿에 적용할 외부 컴포넌트의 CSS 스타일시트

```
01 div {
02   color: red;
03   border: 3px ridge red;
04   padding: 20px;
05 }
06 nested{
07   font-size: 2cm;
08   font-weight: bolder;
09   border: 3px solid blue;
10 }
```

▶ **예제 4.9** inner.component.ts: 중첩된 컴포넌트

```
01 import { Component } from '@angular/core';
02 @Component({
03   selector: 'nested',
04   template: `
05     <span>Congratulations I'm a nested component</span>
06   `,
07   tyles: [`
08     span{
09       color: #228b22;
10     }
11   `]
12 })
13 export class InnerComponent {}
```

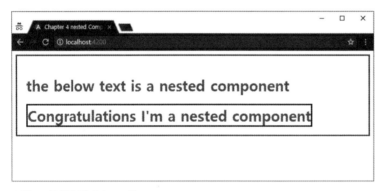

그림 4.4 중첩된 컴포넌트 표시

의존성 주입을 통한 데이터 전달

의존성 주입은 디렉티브를 임포트한 모든 애플리케이션에서 사용되는 재사용 가능한 디렉티브를 제작할 수 있는 강력한 도구다. 이따금 애플리케이션에 주입되는 디렉티브로 애플리케이션을 통해 데이터를 전달해야 할 때가 있다. 이는 앵귤러의 Input을 통해 가능하다.

앵귤러에서 다른 디렉티브나 컴포넌트에 데이터를 입력하려면 @angular/core에서 Input 데코레이터를 임포트해야 한다. 다음 코드는 해당 구문을 보여준다.

```
import { Component, Input } from '@angular/core';
```

Input 데코레이트가 임포트되고 나면 디렉티브에 입력하고 싶은 데이터를 정의할 수 있다. 우선 문자열을 매개변수로 받는 @Input()을 정의한다. HTML에서는 해당 문자열을 통해 임포트한 디렉티브에 데이터를 전달한다. 다음 구문을 이용해 이를 수행할 수 있다.

```
@Input('name') personName: string;
```

Input을 사용하는 앵귤러 애플리케이션 제작[9]

지금까지 의존성 주입과 함께 Input을 사용하는 법을 배웠으므로 이제 예제를 만들어볼 차례다. 이번 절에서는 데이터를 한 디렉티브에서 다른 디렉티브로 전달하는 앵귤러 애플리케이션을 살펴보겠다.

예제 4.10은 app.component.ts 파일을 보여준다. 이 파일은 애플리케이션의 진입점에 해당하고 input.component.ts 파일에 데이터를 전달한다.

예제 4.11은 input.component.ts 파일을 보여준다. 이것은 외부 디렉티브로부터 입력을 받아들여 처리하는 컴포넌트에 해당한다.

그림 4.5는 완성된 애플리케이션을 브라우저 창에서 확인한 모습이다.

▶ 예제 4.10 app.component.ts: 선택자(myInput)를 통해 해당 컴포넌트에 데이터를 전달하는 컴포넌트

```
01 import { Component } from '@angular/core';
02
03 @Component({
04   selector: 'app-root',
05   template: `
06     <myInput name="Brendan" occupation="Student/Author"></myInput>
07     <myInput name="Brad" occupation="Analyst/Author"></myInput>
08     <myInput name="Caleb" occupation="Student/Author"></myInput>
09     <myInput></myInput>
10   `
11 })
12 export class AppComponent {
13   title = 'Using Inputs in Angular';
14 }
```

9 (옮긴이) 관련 소스코드를 예제 파일의 ch04/inputs에서 찾을 수 있다.

▶ 예제 **4.11** input.component.ts: 선택자를 통해 데이터를 가져온 후 HTML을 통해 표시되는 내용을 변경하는
컴포넌트

```
01 import { Component, Input } from '@angular/core';
02 @Component ({
03   selector: "myInput",
04   template: `
05     <div>
06       Name: {{personName}}
07       <br />
08       Job: {{occupation}}
09     </div>
10   `,
11   styles: [`
12     div {
13       margin: 10px;
14       padding: 15px;
15       border: 3px solid grey;
16     }
17   `]
18 })
19 export class InputComponent {
20   @Input('name') personName: strng;
21   @Input('occupation') occupation: string;
22   constructor() {
23     this.personName = "John Doe";
24     this.occupation = "Anonymity"
25   }
26 }
```

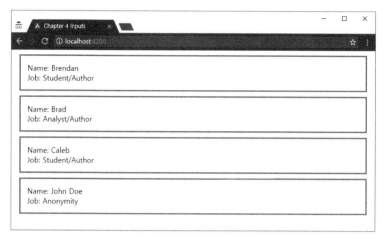

그림 4.5 입력을 통해 전달된 정보를 표시

정리

앵귤러 컴포넌트는 앵귤러 애플리케이션의 주요 구성 요소다. 이번 장에서는 데코레이터부터 클래스까지, 컴포넌트를 제작하는 방법을 살펴봤다. 이때 템플릿과 스타일시트를 포함시키는 다양한 방법을 살펴봤다. 또한 의존성 주입을 사용해 외부 디렉티브나 컴포넌트를 서로 통합하는 방법도 살펴봤다.

05

표현식

앵귤러의 가장 큰 특징은 HTML 템플릿 내에 자바스크립트 같은 표현식(expression)을 추가할 수 있다는 것이다. 앵귤러는 표현식을 평가한 다음, 그 결과를 웹 페이지에 동적으로 추가할 수 있다. 표현식은 컴포넌트에 연결되기 때문에 컴포넌트의 값을 사용하는 표현식을 사용할 수 있으며, 모델이 변경될 때 해당 값이 변경될 수 있다.

표현식 사용

표현식을 사용하는 것은 앵귤러 뷰에서 컴포넌트의 데이터를 가장 쉽게 표현하는 방법이다. 표현식은 다음과 같이 대괄호로 감싼 코드 블록이다.

```
{{expression}}
```

앵귤러 컴파일러는 표현식의 결과가 표시되도록 표현식을 HTML 요소로 컴파일한다. 예를 들어, 다음 표현식을 보자.

```
{{1+5}}
{{'One' + 'Two'}}
```

이 표현식에 따라 웹 페이지에서는 다음과 같은 값이 표시된다.

```
6
OneTwo
```

표현식은 데이터 모델에 바인딩되는데, 이는 두 가지 큰 이점을 제공한다. 첫째, 표현식 내부의 컴포넌트에 정의된 프로퍼티 이름과 함수를 사용할 수 있다. 둘째, 표현식이 컴포넌트에 바인딩돼 있기 때문에 컴포넌트의 데이터가 변경되면 표현식에도 반영된다. 예를 들어, 컴포넌트에 다음과 같은 값이 들어 있다고 해보자.

```
name: string='Brad';
score: number=95;
```

다음과 같이 템플릿 표현식에서 name과 score 값을 직접 참조할 수 있다.

```
Name: {name}}
Score: {{score}}
Adjusted: {{score+5}}
```

앵귤러 표현식은 여러모로 타입스크립트/자바스크립트 표현식과 유사하지만 다음과 같은 점에서 다르다.

- **속성 평가**: 프로퍼티 이름이 전역 자바스크립트 네임스페이스가 아닌 컴포넌트 모델에 대해 평가된다.

- **더 관대함**: 표현식은 undefined나 null 변수 타입을 만나도 예외를 발생시키지 않는다. 그 대신 아무런 값이 없는 것으로 간주한다.

- **흐름 제어를 하지 않음**: 표현식은 다음을 허용하지 않는다.

  - 할당(예: =, +=, -=)
  - new 연산자
  - 조건부 연산
  - 반복문
  - 증가 및 감소 연산자(++와 --)

  또한 표현식 안에서는 예외를 발생시킬 수 없다.

앵귤러는 디렉티브의 값을 정의하는 데 사용된 문자열을 표현식으로 평가한다. 즉, 정의 내에 표현식 타입의 구문을 포함할 수 있다는 의미다. 예를 들어, 템플릿에서 ng-click 디렉티브의 값을 설정하면 표현식을 지정하는 것에 해당한다. 이 표현식 안에서 다음과 같이 컴포넌트 변수를 참조하거나 다른 표현식 구문을 사용할 수 있다.

```
<span ng-click="myFunction()"></span>
<span ng-click="myFunction(var, 'stringParameter')"></span>
<span ng-click="myFunction(5*var)"></span>
```

앵귤러 템플릿 표현식에서는 컴포넌트에 접근할 수 있으므로 앵귤러 표현식 내에서 컴포넌트를 변경할 수도 있다. 예를 들어, 다음 (click) 디렉티브는 컴포넌트 모델 내의 msg 값을 변경한다.

```
<span (click)="msg='clicked'"></span>
```

다음 절에서는 앵귤러에서 표현식을 사용하는 몇 가지 예제를 살펴보겠다.

기본 표현식[10]

이번 절에서는 앵귤러 표현식이 문자열과 숫자의 렌더링을 어떻게 처리하는지 살펴보겠다. 이 예제는 앵귤러가 기본 수학 연산자와 함께 문자열과 숫자를 포함하는 표현식을 평가하는 방법을 보여준다.

예제 5.1은 앵귤러 컴포넌트를 보여준다. 이 컴포넌트에는 이중 중괄호({{}})로 감싼 여러 유형의 표현식이 담긴 템플릿이 들어있다. 이러한 표현식 중 일부는 숫자나 문자열이고, 일부는 문자열 및/또는 숫자를 결합하는 + 연산을 포함하며, 다른 하나는 === 연산자를 사용해 두 숫자를 비교한다.

그림 5.1은 렌더링된 웹 페이지를 보여준다. 참고로 숫자와 문자열은 최종 뷰로 직접 렌더링된다. 문자열과 숫자를 더하면 뷰에 렌더링되는 텍스트 문자열을 만들어낼 수 있다. 또한 비교 연산자를 사용하면 뷰에 true나 false라는 단어가 렌더링된다.

▶ 예제 5.1 app.component.ts: 앵귤러 문자열에 간단한 수학 연산이 포함된 기본 문자열과 숫자

```
01 import { Component } from '@angular/core';
02
03 @Component({
04   selector: 'app-root',
05   template: `
06   <h1>Expressions</h1>
07   Number:<br>
08   {}<hr>
09   String:<br>
```

---

10 (옮긴이) 관련 소스코드를 예제 파일의 ch05/basicExpressions에서 찾을 수 있다.

```
10    {{'My String'}}<hr>
11    Adding two strings together:<br>
12    {{'String1' + ' ' + 'String2'}}<hr>
13    Adding two numbers together:<br>
14    {{5+5}}<hr>
15    Adding strings and numbers together:<br>
16    {{5 + '+' + 5 + '='}}{{5+5}}<hr>
17    Comparing two numbers with each other:<br>
18    {{5===5}}<hr>
19    `,
20 })
21 eport class AppComponent {}
```

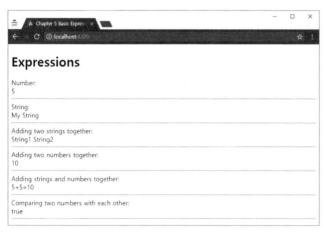

그림 5.1 문자열, 숫자, 기본 수학 연산이 포함된 앵귤러 표현식 사용

표현식에서 Component 클래스와 상호작용하기[11]

지금까지 기본적인 앵귤러 표현식을 살펴봤다. 이제 앵귤러 표현식에서 Component 클래스와 상호작용하는 방법을 살펴보자. 이전 예제에서는 표현식에 대한 모든 입력이 명시적 문자열이니 숫자에서 나왔다. 이번 절에서는 모델과의 상호작용에서 나오는 앵귤러 표현식의 진정한 위력을 보여주겠다.

---

11 (옮긴이) 관련 소스코드를 예제 파일의 ch05/classExpressions에서 찾을 수 있다.

예제 5.2는 Component 클래스의 값을 사용해 화면에 텍스트를 렌더링할뿐만 아니라 함수에 대한 매개변수 역할을 하는 앵귤러 표현식을 적용한 앵귤러 컴포넌트 파일을 보여준다. 이때 Component 클래스의 변수명을 표현식에서 직접 사용할 수 있다는 것을 눈여겨보자. 예를 들어, 9번째 줄의 표현식은 speed와 vehicle 변수의 값을 기반으로 문자열을 만든다.

그림 5.2는 표현식을 기반으로 렌더링된 웹 페이지를 보여준다. 페이지의 링크를 클릭하면 결과 함수가 호출되어 Component 클래스 변수를 조정하며, 이를 통해 앞에서 언급한 표현식이 렌더링되는 방식을 변경한다.

▶ **예제 5.2** app.component.ts: 표현식을 이용해 Component 클래스에서 나온 나온 데이터와 상호작용하는 앵귤러 애플리케이션

```
01 import { Component } from '@angular/core';
02
03 @Component({
04   selector: 'app-root',
05   template: `
06     Directly accessing variables in the component:<br>
07       {{speed}} {{vehicle}}<hr>
08     Adding variables in the component:<br>
09       {{speed + ' ' + vehicle}}<hr>
10     Calling function in the component:<br>
11       {{lower(speed)}} {{upper('Jeep')}}<hr>
12     <a (click)="setValues('Fast', newVehicle)">
13       Click to change to Fast {}</a><hr>
14     <a (click)="setValues(newSpeed, 'Rocket')">
15       Click to change to {} Rocket</a><hr>
16     <a (click)="vehicle='Car'">
17       Click to change the vehicle to a Car</a><hr>
18     <a (click)="vehicle='Enhanced ' + vehicle">
19       Click to Enhance Vehicle</a><hr>
20   `,
21   styles:[`
22     a{color: blue; text-decoration: underline; cursor: pointer}
23   `]
24 })
25 export class AppComponent {
26   speed = 'Slow';
27   vehicle = 'Train';
28   newSpeed = 'Hypersonic';
29   newVehicle = 'Plane';
```

```
30  upper = function(str: any){
31    str = str.toUpperCase();
32    return str;
33  }
34  lower = function(str: any){
35    return str.toLowerCase();
36  }
37  setValues = function(speed:any, vehicle: any){
38    this.speed = speed;
39    this.vehicle = vehicle;
40  }
41 }
```

그림 5.2 앵귤러 뷰에서 앵귤러 표현식을 이용한 Component 클래스의 데이터 표현 및 사용

앵귤러 표현식에서 타입스크립트 사용하기[12]

이번 절에서는 Component 클래스 내에서 몇 가지 추가적인 타입스크립트 상호작용을 살펴보 겠다. 앞에서 설명한 것처럼 타입스크립트 기능의 상당수는 앵귤러 표현식에서 지원된다. 이 를 좀 더 잘 보여주기 위해 이번 예제에서는 배열 조작을 보여주고 표현식에서 타입스크립트의 Math 객체를 사용해 보겠다.

예제 5.3은 push()와 shift()를 이용해 배열을 표시하고 배열 길이를 표시하며 배열 요 소를 조작하는 앵귤러 표현식을 사용하는 앵귤러 컴포넌트를 구현한다. 여기서는 Math를 Component 클래스에 추가해서 12번째 줄과 21번째 줄의 표현식에서 직접 타입스크립트 Math 연산을 사용할 수 있다는 점을 눈여겨보자.

그림 5.3은 렌더링된 앵귤러 웹 페이지를 보여준다. 이때 링크를 클릭하면 배열이 조정되고 표 현식이 다시 평가된다.

▶ **예제 5.3** app.component.ts: 배열과 Math를 포함하는 표현식을 사용하는 앵귤러 컴포넌트

```
01 import { Component } from '@angular/core';
02
03 @Component({
04   selector: 'app-root',
05   template: `
06     <h1>Expressions</h1>
07     Array:<br>
08       {{myArr.join(', ')}}<br/>
09       <hr>
10     Elements removed from array:<br>
11       {{removedArr.join(', ')}}<hr>
12     <a (click)="myArr.push(myMath.floor(myMath.random()*100+1))">
13       Click to append a value to the array
14     </a><hr>
15     <a (click)="removedArr.push(myArr.shift())">
16       Click to remove the first value from the array
17     </a><hr>
18     Size of Array:<br>
19       {{myArr.length}}<hr>
```

---

12 (옮긴이) 관련 소스코드를 예제 파일의 ch05/typescriptExpressions에서 찾을 수 있다.

```
20      Max number removed from the array:<br>
21         {{myMath.max.apply(myMath, removedArr)}}<hr>
22      `,
23      styles: [`
24        a {
25          color: blue;
26          cursor: poiter;
27        }
28      `],
29  })
30  export class AppComponent {
31      myMath = Math;
32      myArr: number[] = [1];
33      removedArr: number[] = [0];
34  }
```

append를 몇 번 클릭

remove를 몇 번 클릭

그림 5.3 타입스크립트 배열과 Math 연산을 적용해 유효범위 데이터와 상호작용하는 앵귤러 표현식 사용

파이프

앵귤러의 가장 큰 특징은 파이프(pipe)를 구현할 수 있다는 것이다. 파이프는 표현식 파서에 개입해서 뷰에서 표시하기 위한 표현식의 결과를 수정하는(예를 들어, 시간이나 통화 값을 형식화하기 위해) 연산자의 한 종류다.

다음 구문을 사용해 표현식 안에서 파이프를 구현한다.

```
{{ expression | pipe}}
```

여러 파이프를 함께 연결하면 지정한 순서대로 실행된다.

```
{{ expression | pipe | pipe }}
```

특정 필터를 이용하면 함수 매개변수 형태로 입력을 제공할 수 있다. 다음 구문을 사용해 이러한 매개변수를 추가한다.

```
{{ expression | pipe:parameter1:parameter2 }}
```

내장 파이프

앵귤러는 컴포넌트 템플릿에서 문자열, 객체, 배열의 서식을 쉽게 지정할 수 있는 여러 유형의 파이프를 제공한다. 표 5.1에 앵귤러에서 제공하는 내장 파이프를 나열했다.

표 5.1 앵귤러 컴포넌트 템플릿에서 표현식을 수정하는 파이프

필터	설명
currency[:currencyCode?[:symbolDisplay?[:digits?]]]	지정한 currencyCode 값을 토대로 숫자를 통화로 형식화한다. currencyCode 값을 지정하지 않으면 로캘의 기본 코드가 사용된다. 다음 예제를 보자. {{123.46 | currency:"USD" }}
json	타입스크립트 객체를 JSON 문자열로 형식화한다. 다음 예제를 보자. {{ {'name':'Brad'} | json }}
slice:start:end	표현식에 표현된 데이터를 인덱스로 지정한 양만큼 잘라낸다. 표현식이 문자열이면 문자 수를 기준으로 잘라낸다. 표현식의 결과가 배열이면 요소 수를 기준으로 잘라낸다. 다음 예제를 보자. {{ "Fuzzy Wuzzy" | slice:1:9 }} {{ ['a','b','c','d'] | slice:0:2 }}

필터	설명
lowercase	표현식의 결과를 소문자로 출력한다.
uppercase	표현식의 결과를 대문자로 출력한다.
number[:pre.post-postEnd]	숫자를 텍스트로 형식화한다. pre 매개변수를 지정하면 전체 숫자의 수가 해당 크기로 한정된다. post-postEnd를 지정하면 표시되는 소수점 이하 자릿수의 수가 해당 범위나 크기로 한정된다. 다음 예제를 보자. {{ 123.4567 | number:1.2-3 }} {{ 123.4567 | number:1.3 }}
date[:format]	format 매개변수를 사용해 타입스크립트 날짜 객체나 타임스탬프, ISO 8601 날짜 문자열을 형식화한다. 다음 예제를 보자. {{1389323623006 | date:'yyyy-MM-dd HH:mm:ss Z'}} format 매개변수는 다음과 같은 날짜 형식화 문자를 사용한다. ■ yyyy: 4자리 연도 ■ yy: 두 자리 연도 ■ MMMM: January에서 December까지의 월 ■ MMM: Jan에서 Dec까지의 월 ■ MM: 패딩된 01에 12까지의 월 ■ M: 1에서 12까지의 월 ■ dd: 패딩된 01에서 31까지의 일자 ■ d: 1에서 31까지의 일자 ■ EEEE: Sunday에서 Saturday까지의 요일 ■ EEE: Sun에서 Sat까지의 요일 ■ HH: 패딩된 00에서 23까지의 시간 ■ H: 0에서 23까지의 시간 ■ hh 또는 jj: 패딩된 01에서 12까지의 오전/오후 시간 ■ h 또는 j: 1에서 12까지의 오전/오후 시간 ■ mm: 패딩된 00에서 59까지의 분 ■ m: 0에서 59까지의 분 ■ ss: 패딩된 00에서 59까지의 초 ■ s: 0에서 59까지의 초 ■ .sss 또는 ,sss: 패딩된 000에서 999까지의 밀리초 ■ a: 오전/오후 표시 ■ Z: -1200에서 +1200까지의 4자리 시간대 오프셋

필터	설명
	date의 format 문자열은 다음과 같이 미리 정의된 이름 중 하나일 수도 있다. ■ medium: 'yMMMdHms'와 같음 ■ short: 'yMdhm'과 같음 ■ fullDate: 'yMMMMEEEEd'와 같음 ■ longDate: 'yMMMMd'와 같음 ■ mediumDate: 'yMMMd'와 같음 ■ shortDate: 'yMd'와 같음 ■ mediumTime: 'hms'와 같음 ■ shortTime: 'hm'과 같음 여기에 표시된 format은 en_US지만 format은 항상 앵귤러 애플리케이션의 로캘과 일치한다.
async	프로미스(promise)를 대기한 후 가장 최근에 받은 값을 반환한다. 그런 다음 뷰를 업데이트한다.

내장 파이프 활용[13]

이번 절에서는 앵귤러에 내장된 파이프가 앵귤러 표현식의 데이터 변환을 처리하는 방법을 보여주겠다. 이 예제의 목적은 제공된 데이터를 파이프가 어떻게 변환하는지 보여주는 데 있다.

예제 5.4는 템플릿에 {{}} 괄호로 둘러싼 내장 파이프 예제가 몇 가지 들어있는 앵귤러 컴포넌트를 보여준다. Component 클래스에는 일부 파이프에서 사용하는 데이터가 포함돼 있다.

그림 5.4는 변환된 데이터가 포함된 렌더링된 애플리케이션을 보여준다.

▶ 예제 5.4 app.component.ts: 내장 파이프 예제가 포함된 앵귤러 컴포넌트

```
01 import { Component } from '@angular/core';
02
03 @Component({
04   selector: 'app-root',
05   template: `
06     Uppercase: {{"Brendan" | uppercase }}<br>
```

---

13 (옮긴이) 관련 소스코드를 예제 파일의 ch05/builtInPipes에서 찾을 수 있다.

```
07     Lowercase: {{"HELLO WORLD" | lowercase}}<br>
08     Date: {{ today | date:'yMMMMEEEEhmsz'}}<br>
09     Date: {{today | date:'mediumDate'}}<br>
10     Date: {{today | date: 'shortTime'}}<br>
11     Number: {{3.1415927 | number:'2.1-5'}}<br>
12     Number: {{28 | number:'2.3'}}<br>
13     Currency: {{125.257 | currency:'USD':true: '1.2-2'}}<br>
14     Currency: {{2158.925 | currency}}<br>
15     Json: {{jsonObject | json}}<br>
16     PercentPipe: {{.8888 | percent: '2.2'}}<br>
17     SlicePipe: {{"hello world" | slice:0:8}}<br>
18     SlicePipe: {{days | slice:1:6}}<br>
19     legen... {{wait | async}} {{dairy | async}}
20     `
21 })
22 export class AppComponent {
23   today = Date.now();
24   jsonObject = [{title: "mytitle"}, {title: "Programmer"}];
25   days=['Sunday', 'Monday', 'Tuesday', 'Wednesday',
26         'Thursday', 'Friday', 'Saturday'];
27   wait = new Promise<string>((res, err) => {
28     setTimeout(function () {
29       res('wait for it...');
30     },1000);
31   });
32   dairy = new Promise<string>((res, err) => {
33     setTimeout(functio() {
34       res('dairy');
35     },2000)
36   })
37 }
```

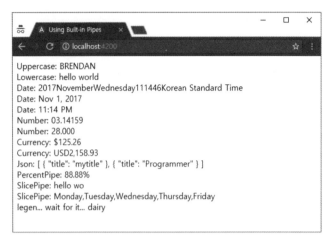

그림 5.4 표현식에서 데이터를 변환하는 앵귤러 파이프 사용

사용자 정의 파이프

앵귤러에서는 사용자 정의 파이프를 만든 다음 표현식과 서비스 내에서 내장 파이프인 것처럼 사용할 수 있다. 앵귤러에서는 파이프를 만들고 이를 의존성 인젝터 서버에 등록하는 @Pipe 데코레이터를 제공한다.

@Pipe 데코레이터는 앵귤러 컴포넌트와 마찬가지로 메타데이터를 받는다. 메타데이터 옵션은 name과 pure다. name 메타데이터는 컴포넌트의 선택자처럼 작동한다. 즉, 파이프를 사용하고 싶은 곳을 앵귤러에 알려준다. pure 메타데이터는 변경 감지를 처리하는 방법을 파이프에 알려준다. pure 파이프는 입력 값이나 객체 참조에 변화가 있을 때 업데이트된다. impure 파이프는 키 입력이나 마우스 클릭, 마우스 움직임과 같은 이벤트가 있을 때마다 업데이트할 수 있다. 다음 예제에서는 예제 파이프와 구문을 보여준다.

```
@Pipe({
  name: 'example',
  Pure: true
})
```

pipe 클래스는 이곳에 파이프 로직이 있다는 점에서 Component 클래스와 동작 방식이 상당히 비슷하다. 하지만 로직이 파이프 기호(|) 왼쪽에 있는 것을 어떻게 변환할지 알려주는 transform 메서드 내에 있어야 한다. 다음 예제를 보자.

```
export class CustomPipe {
  transform(parameter1:string, parameter2:number) : string {
    myStr = "logic goes in here";
    return myStr;
  }
}
```

사용자 정의 파이프 만들기[14]

이번 절에서는 문자열에서 특정 단어를 걸러내는 사용자 정의 파이프를 작성하는 방법을 보여주겠다. 이 예제의 목적은 데이터를 변환할 수 있는 사용자 정의 파이프를 만들고 적용하는 방법을 보여주는 데 있다.

예제 5.5는 name 메타데이터가 censor인 앵귤러 파이프를 보여준다. export 클래스에는 특정 단어를 다른 문자열로 대체하고 변형된 문자열을 반환하는 transform 메서드가 포함돼 있다.

예제 5.6은 사용자 정의 파이프를 사용하는 템플릿과 파이프를 임포트하는 pipe 메타데이터가 포함된 앵귤러 컴포넌트를 보여준다. 참고로 6번째 줄에는 파이프를 사용한 표현식이 있다. 파이프는 문자열을 인수로 받아 단어를 해당 문자열로 대체한다.

그림 5.5는 사용자 정의 파이프를 사용해 렌더링된 애플리케이션을 보여준다.

▶ **예제 5.5** censor.pipe.ts: 문자열의 특정 단어를 대체하는 앵귤러 파이프

```
01 import { Pipe, PipeTransform } from '@angular/core';
02
03 @Pipe({name: 'censor'})
04 export class CensorPipe {
05   transform(input:string, replacement:string) : string {
06     var cWords = ["bad", "rotten", "terrible"];
07     var out = input;
08     for(var i=0; i<cWords.length; i++){
09       out = out.replace(cWords[i], replacement);
10     }
11     return out
12   }
13 }
```

---

14 (옮긴이) 관련 소스코드를 예제 파일의 ch05/customPipes에서 찾을 수 있다.

▶ 예제 5.6 app.component.ts: 사용자 정의 파이프를 임포트하고 사용하는 앵귤러 컴포넌트

```
01 import { Component } from '@angular/core';
02
03 @Component({
04   selector: 'app-root',
05   template: `
06     {{phrase | censor:"*****"}}
07   `
08 })
09 export class AppComponent {
10   phrase:string="This bad phrase is rotten ";
11 }
```

그림 5.5 표현식 안의 데이터를 변환하는 사용자 정의 앵귤러 파이프 사용

정리

앵귤러에는 강력한 내장 표현식과 파이프가 탑재돼 있으며 사용자 정의 파이프를 만드는 수단을 제공한다. 이번 장에서는 사용 가능한 내장 표현식과 파이프, 그리고 이를 구현하는 방법을 살펴봤다. 또한 사용자 정의 파이프를 만들고 구현하는 방법도 설명했다. 표현식은 {{}}에 포함된 타입스크립트 코드이며, 파이프는 이러한 표현식을 조작할 수 있다. 표현식은 Component 클래스 내의 정보에 접근할 수 있으며, 클래스 변수를 뷰에 렌더링할 수 있다.

데이터 바인딩

앵귤러의 가장 큰 특징 중 하나는 내장된 데이터 바인딩이다. 데이터 바인딩은 컴포넌트의 데이터를 웹 페이지에 표시된 것과 연결하는 프로세스다. 컴포넌트의 데이터가 변경되면 사용자에게 렌더링된 UI가 자동으로 업데이트된다. 앵귤러는 모델 데이터를 웹 페이지의 요소에 연결하는 매우 깔끔한 인터페이스를 제공한다.

데이터 바인딩의 이해

데이터 바인딩이란 애플리케이션의 데이터를 사용자에게 렌더링되는 UI 요소와 연결하는 것을 의미한다. 모델에서 데이터가 변경되면 웹 페이지가 자동으로 업데이트된다. 모델은 이 같은 식으로 항상 사용자에게 표시되는 데이터의 유일한 원천이고 뷰는 모델의 투영에 불과하다. 뷰와 모델을 함께 붙이는 접착제가 바로 데이터 바인딩이다.

앵귤러에는 데이터 바인딩을 사용해 애플리케이션을 다양한 방식으로 보이게 하고 작동시키는 여러 가지 방법이 있다. 다음은 이번 장에서 다루는 앵귤러 2에서 사용할 수 있는 데이터 바인딩 유형이다.

- **삽입식(Interpolation)**: 두 개의 중괄호({{}})를 사용해 Component 클래스에서 직접 값을 가져올 수 있다 .

- **프로퍼티 바인딩(Property binding)**: 이 유형의 바인딩을 사용해 HTML 요소의 프로퍼티를 설정할 수 있다.

- **이벤트 바인딩(Event binding)**: 이 유형의 바인딩을 사용해 사용자 입력을 처리할 수 있다.

- **속성 바인딩(Attribute binding)**: 이 유형의 바인딩을 통해 속성을 HTML 요소로 설정할 수 있다.

- **클래스 바인딩(Class binding):** 이 유형의 바인딩을 사용해 CSS 클래스 이름을 요소에 설정할 수 있다.

- **스타일 바인딩(Style binding):** 이 유형의 바인딩을 사용해 요소에 대한 인라인 CSS 스타일을 만들 수 있다.

- **ngModel과의 양방향 바인딩(Two-way binding with ngModel):** 데이터 입력 폼에 이 유형의 바인딩을 사용해 데이터를 수신하고 표시할 수 있다.

삽입식[15]

삽입식은 이중 중괄호({{}})를 사용해 템플릿 표현식을 평가하는 것과 관련이 있다. 이것은 하드코딩된 형태일 수도 있고 Component 클래스의 속성을 참조할 수도 있다.

삽입식 구문은 5장 "표현식"과 비슷해 보일 것이다. 하지만 삽입식을 이용하면 HTML 태그 프로퍼티에 값을 지정할 수도 있다(예: img 태그). 다음은 이를 수행하는 구문의 예다.

```
<img src="{{imgUrl}}"/>
```

이제 삽입식 바인딩을 이용해서 수행할 수 있는 멋진 작업을 보여주는 예제를 살펴보자.

예제 6.1은 앵귤러 컴포넌트를 보여준다. 이 컴포넌트에는 {{}}로 둘러싼 삽입식과 표현식이 담긴 템플릿이 있다. Component 클래스에서는 {{}} 안에서 사용되는 값을 제공한다. (이때 imageSrc 변수를 반드시 적절한 이미지 이름으로 변경한다.)

그림 6.1은 렌더링된 웹 페이지를 보여준다. 보다시피 삽입식에서는 Component 클래스의 문자열을 사용해 템플릿을 채울 수 있다.

▶ **예제 6.1** app.component.ts: 문자열과 함수를 사용하는 삽입식

```
01 import { Component } from '@angular/core';
02
03 @Component({
04   selector: 'app-root',
05   template: `
06     {{str1 + ' ' + name}}
07     <br>
08     <img src="{{imageSrc}}" />
```

---

15 (옮긴이) 관련 소스코드를 예제 파일의 ch06/interpolation에서 찾을 수 있다.

```
09    <br>
10    <p>{{str2 + getLikes(likes)}}</p>
11    `,
12   styles: [`
13     img{
14       width: 300px;
15       height: auto;
16     }
17     p{
18       font-size: 35px;
19       color: darkBlue;
20     }
21   `]
22 })
23 export class AppComponent {
24   str1: string = "Hello my name is"
25   name: string = "Brendan"
26   str2: string = "I like to"
27   likes: string[] = ['hike', "rappel", "Jeep"]
28   getLikes = function(arr: any){
29     var arrString = arr.join(", ");
30     return " " + arrString
1   }
32   imageSrc: string = "../assets/images/angelsLanding.jpg"
33 }
```

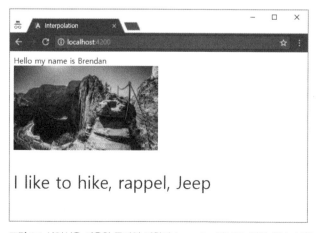

그림 6.1 삽입식을 이용한 문자열 결합과 imageSrc의 URL 정의, 함수 실행

프로퍼티 바인딩[16]

HTML 요소의 프로퍼티를 설정해야 할 때 프로퍼티 바인딩을 사용하면 된다. 프로퍼티 바인딩은 Component 클래스 내에서 원하는 값을 정의해서 수행할 수 있다. 그러고 나서 다음 구문을 사용해 해당 값을 컴포넌트 템플릿에 바인딩한다.

```
<img [src]="myValue">
```

> **참고**
>
> 대부분의 경우 삽입식을 사용해 프로퍼티 바인딩에서 얻은 결과와 동일한 결과를 얻을 수 있다.

이제 프로퍼티 바인딩 예제를 살펴보자. 예제 6.2는 앵귤러 컴포넌트를 보여준다. 이 컴포넌트에는 프로퍼티 바인딩이 포함된 템플릿이 있다. 여기서는 프로퍼티 바인딩과 삽입식을 비교하기도 한다.

그림 6.2는 렌더링된 웹 페이지를 보여준다. 보다시피 삽입식에서 Component 클래스의 문자열을 사용해 템플릿을 채울 수 있다.

▶ **예제 6.2** app.component.ts: 로직과 클래스명 적용이 포함된 프로퍼티 바인딩

```
01 import { Component } from '@angular/core';
02
03 @Component({
04   selector: 'app-root',
05   template: `
06     <img [src]="myPic"/>
07     <br>
08     <button [disabled]="isEnabled">Click me</button><hr>
09     <button disabled="{!isEnabled}">Click me</button><br>
10     <p [ngClass]="className">This is cool stuff</p>
11   `,
12   styles: [`
13     img {
14       height: 100px;
15       width auto;
```

---

16 (옮긴이) 관련 소스코드를 예제 파일의 ch06/property에서 찾을 수 있다.

```
16    }
17    .myClass {
18      color: red;
19      font-size: 24px;
20    }
21   `]
22 })
23 export class AppComponent {
24   myPic: strng = "../assets/images/sunset.JPG";
25   isEnabled: boolean = false;
26   className: string = "myClass";
27 }
```

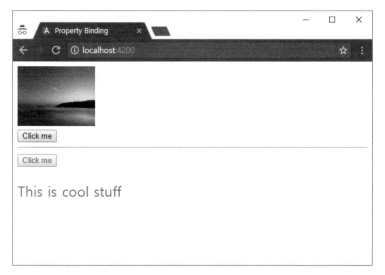

그림 6.2 프로퍼티 바인딩을 이용한 imageSrc URL 정의와 버튼의 비활성화 모드 설정, 클래스명 할당

속성 바인딩

속성 바인딩은 프로퍼티 바인딩과 비슷하지만 DOM 속성이 아닌 HTML 속성에만 국한돼 있다. 속성 바인딩을 자주 사용하지는 않겠지만 속성 바인딩이 무엇이고 그것을 사용하는 방법을 알아둘 필요가 있다. 일반적으로 속성 바인딩은 속성에 해당하는 DOM 프로퍼티가 없는 경우에만 사용할 것이다(예: aria, svg, table span 속성). 속성 바인딩은 다음 구문을 사용해 정의한다.

```
<div [attr.aria-label] = "labelName"></div>
```

> **참고**
>
> 속성 바인딩과 프로퍼티 바인딩은 거의 같은 방식으로 기능하므로 이 책에서는 속성 바인딩 예제는 제시하지 않겠다.

클래스 바인딩[17]

클래스 바인딩은 CSS 스타일 태그를 HTML 요소에 바인딩할 때 사용한다. 클래스 바인딩은 표현식의 결과에 따라 클래스에 true나 false를 지정한다. 결과가 true이면 클래스가 할당된다. 다음은 클래스 바인딩 구문의 예다.

```
<div [class.nameHere]="true"></div>
<div [class.anotherName]="false"></div>
```

이제 클래스 바인딩 예제를 살펴보자. 예제 6.3은 템플릿이 포함된 앵귤러 컴포넌트를 보여준다. 이 템플릿에는 두 가지 방법으로 클래스명을 적용하는 방법을 보여주는 클래스 바인딩이 포함돼 있다.

그림 6.3은 렌더링된 웹 페이지를 보여준다. 보다시피 클래스명이 적용되고 CSS 스타일에 따라 HTML이 변경된다.

▶ **예제 6.3** app.component.ts: 로직과 클래스명 적용이 포함된 클래스 바인딩

```
01 import { Component } from '@angular/core';
02
03 @Component({
04   selector: 'app-root',
05   template: `
06     <div [class]="myCustomClass"></div>
07     <span [class.redText]="isTrue">Hello my blue friend</span>
08   `,
09   styles: [`
10     .blueBox {
```

---

17 (옮긴이) 관련 소스코드를 예제 파일의 ch06/class에서 찾을 수 있다.

```
11      height: 150px;
12      width: 150px;
13      background-color: blue;
14    }
15    .redText{
16      color: red;
7     font-size: 24px;
18    }
19   `]
20 })
21 export class AppComponent {
22   myCustomClass: string = 'blueBox';
23   isTrue = true;
24 }
```

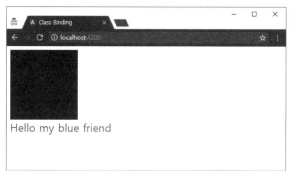

그림 6.3 클래스 바인딩을 적용해 HTML 요소에 사용자 정의 클래스를 추가하는 앵귤러 애플리케이션

스타일 바인딩[18]

스타일 바인딩은 HTML 요소에 인라인 스타일을 지정할 때 사용한다. 스타일 바인딩은 대괄호 안에 CSS 스타일 프로퍼티를 정의하고 따옴표로 할당 표현식을 묶는 형태로 적용한다. 구문은 클래스 바인딩과 거의 비슷하지만 class 대신 style을 접두사로 사용한다.

```
<p [style.styleProperty] = "assignment"></p>
<div [style.backgroundColor] = "'green'"></div>
```

---

18 (옮긴이) 관련 소스코드를 예제 파일의 ch06/style에서 찾을 수 있다.

이제 스타일 바인딩 예제를 살펴보자. 예제 6.4는 템플릿이 포함된 앵귤러 컴포넌트를 보여준다. 이 템플릿에는 애플리케이션에 사용자 정의 인라인 스타일을 적용하는 방법을 보여주는 스타일 바인딩이 포함돼 있다.

그림 6.4는 렌더링된 웹 페이지를 보여준다. 보다시피 스타일이 적용되고 CSS 스타일에 따라 HTML이 변경된다.

▶ 예제 6.4 app.component.ts: HTML의 외양을 변경하는 스타일 바인딩

```
01 import { Component } from '@angular/core';
02
03 @Component({
04   selector: 'app-root',
05   template: `
06   <span [style.border]="myBorder">Hey there</span>
07   <div [style.color]="twoColors ? 'blue' : 'forestgreen'">
08     what color am I
09   </div>
10   <button (click)="changeColor()">click me</button>
11   `
12 })
13 export class ApComponent {
14   twoColors: boolean = true;
15   changeColor = function(){
16     this.twoColors = !this.twoColors;
17   }
18   myBorder = "1px solid black";
19 }
```

그림 6.4 twoColors 변수의 값을 조정하는 함수를 실행하는 버튼을 통해 사용자 정의 스타일이 적용된 렌더링된 웹 페이지

이벤트 바인딩[19]

이벤트 바인딩은 클릭, 키 입력, 마우스 이동과 같은 사용자 입력을 처리할 때 사용한다. 앵귤러 이벤트 바인딩은 HTML 이벤트 속성과 비슷하다. 가장 큰 차이점은 바인딩에서 on 접두사가 제거되고 이벤트를 괄호(())로 감싼다는 것이다. 예를 들어, HTML의 onkeyup은 앵귤러에서 (keyup)으로 표현한다.

이벤트 바인딩의 일반적인 용도는 컴포넌트에서 함수를 실행하는 것이다. 다음은 클릭 이벤트 바인딩 구문이다.

```
<button (click)="myFunction()">button</button>
```

이벤트 바인딩의 예를 살펴보자. 예제 6.5는 앵귤러 컴포넌트를 보여준다. 이 컴포넌트에 포함된 이벤트 바인딩은 이미지를 클릭했을 때 이미지 URL을 변경하는 함수를 호출한다.

그림 6.5는 렌더링된 웹 페이지를 보여준다. 초기 웹 페이지와 버튼을 클릭해서 이벤트를 트리거한 결과를 모두 볼 수 있다.

▶ 예제 6.5 app.component.ts: 웹 페이지에 표시되는 이미지 URL을 변경하는 이벤트 바인딩

```
01 import { Component } from '@angular/core';
02
03 @Component({
04   selector: 'app-root',
05   template: `
06     <div (mousemove)="move($event)">
07       <img [src]="imageUrl"
08         (mouseenter)="mouseGoesIn()"
09         (mouseleave)="mouseLeft()"
10         (dblclick)="changeImg()" /><br>
11         double click the picture to change it<br>
12         The Mouse has {{mouse}}<hr>
13       <button (click)="changeImg()">Change Picture</button><hr>
14       <input (keyup)="onKeyup($event)"
15         (keydown)="onKeydown($event)"
16         (keypress)="keypress($event)"
```

---

19 (옮긴이) 관련 소스코드를 예제 파일의 ch06/event에서 찾을 수 있다.

```
17          (blur)="underTheScope($event)"
18          (focus)="underTheScope($event)">
19          {{view}}
20        <p>On key up: {{upValues}}</p>
21        <p>on key down: {{downValues}}</p>
22        <p>on key press: {{keypressValue}}</p>
23        <p (mousemove)="move($event)">
24          x coordinates: {{x}}
25          <br> y coordinates: {{y}}
26        </p>
27      </div>
28      `,
29      styles: [`
30        img {
31          width: auto;
32          height: 300px;
33        }
34      `]
35  })
36  export class AppComponent {
37    counter = 0;
38    mouse: string;
39    upValues: string = '';
40    downValues: string = '';
41    keypressValue: string = "";
42    x: string = "";
43    y: string = '';
44    view: string = '';
45
46    mouseGoesIn = function(){
47      this.mouse = "entered";
48    };
49    mouseLeft = function(){
50      this.mouse = "left";
51    }
52    imageArray: string[] = [
53      "../assets/images/flower.jpg",
54      "../assets/images/lake.jpg", //확장자는 대소문자를 구분한다
55      "../assets/images/mountain.jpg",
56    ]
57    imageUrl: string = this.imageArray[this.counter];
```

```
58   changeImg = function(){
59     if(this.counter < this.imageArray.length - 1){
60       this.counter++;
61     }else{
62       this.counter = 0;
63     }
64     this.imageUrl=this.imageArray[this.counter];
65   }
66   onKeyup(event:any){
67     this.upValues = event.key;
68     //this.upValues += event.target.value + ' ¦ ';
69   }
70   onKeydown(event:any){
71     this.downValues = event.key;
72     //this.downValues += event.target.value + " ¦ ";
73   }
74   keypress(event:any){
75     this.keypressValue = event.key;
76     //this.keypressValue += event.target.value + " ¦ ";
77   }
78   moveevent:any){
79     this.x = event.clientX;
80     this.y = event.clientY;
81   }
82   underTheScope(event:any){
83     if(event.type == "focus"){
84       this.view = "the text box is focused";
85     }
86     else if(event.type == "blur"){
87       this.view = "the input box is blurred";
88     }
89     console.log(event);
90   }
91 }
```

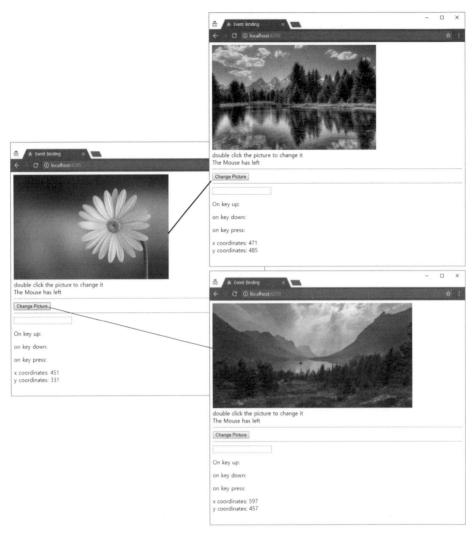

그림 6.5 웹 페이지가 로드될 때의 초기 결과와 이벤트가 트리거된 결과

양방향 바인딩[20]

양방향 바인딩을 이용하면 데이터를 동시에 손쉽게 표시하고 업데이트할 수 있다. 이렇게 하면
사용자가 DOM에 가한 변경사항을 손쉽게 반영할 수 있다. 앵귤러는 ngModel을 사용해 변경
사항을 감시한 다음 값을 업데이트해서 이를 수행한다. 구문은 다음과 같다.

---

20 (옮긴이) 관련 소스코드를 예제 파일의 ch06/twoway에서 찾을 수 있다.

```
<input [(ngModel)] = "myValue">
```

이제 양방향 바인딩 예제를 살펴보자. 예제 6.6은 템플릿이 포함된 앵귤러 컴포넌트를 보여준다. 이 템플릿에서는 양방향 데이터 바인딩을 수행하는 다양한 방법을 볼 수 있다.

그림 6.6은 렌더링된 웹 페이지를 보여준다. 여기서는 텍스트 입력상자에 값을 입력할 때마다 다른 텍스트 입력상자의 값도 변경되는 것을 보여준다.

▶ 예제 6.6 app.component.ts: 양방향 데이터 바인딩을 구현하는 여러 가지 방법

```
01 import {Component } from '@angular/core';
02 @Component({
03   selector: 'app-root',
04   template: `
05     <input [(ngModel)]="text"><br>
06     <input bindon-ngModel="text"><br>
07     <input [value]="text" (input)="text=$event.target.value">
08     <h1>{{text}}</h1>
09   `
10 })
11 export class AppComponent {
12   text: string = "some text here";
13 }
```

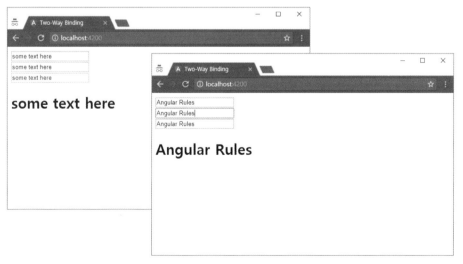

그림 6.6 양방향 데이터 바인딩을 수행하는 여러 가지 방법을 보여주는 앵귤러 애플리케이션. 입력 필드가 변경될 때마다 변수와 뷰가 업데이트된다.

정리

앵귤러에서는 강력하고 매우 유용한 갖가지 데이터 바인딩을 사용할 수 있다. 이번 장에서 확인했듯이 애플리케이션 모델의 데이터를 사용자에게 렌더링되는 UI 요소에 바인딩할 수 있다. 이번 장에서는 각종 데이터 바인딩 유형과 이를 구현하는 방법을 설명했다. 데이터 바인딩을 이용하면 데이터를 사용자에게 표시하고 사용자가 간단하고 효율적인 방식으로 업데이트할 수 있다.

내장 디렉티브

앵귤러가 제공하는 가장 강력한 기능 중 하나는 디렉티브다. 디렉티브는 HTML의 동작 방식을 확장함으로써 애플리케이션에 특화된 기능이 포함된 사용자 정의 HTML 요소, 속성, 클래스를 만들 수 있게 해준다. 앵귤러는 폼 요소와 상호작용하고, 컴포넌트의 데이터를 뷰에 바인딩하며, 브라우저 이벤트와 상호작용할 수 있는 기능을 제공하는 여러 내장 디렉티브를 제공한다.

이번 장에서는 내장 디렉티브와 이러한 내장 디렉티브를 앵귤러 템플릿에서 구현하는 방법을 설명한다. 앵귤러 템플릿에서 이러한 디렉티브를 적용하고 백엔드 컨트롤러에서 이러한 디렉티브를 지원해서 렌더링된 뷰를 대화형 애플리케이션으로 신속하게 전환하는 방법을 배울 것이다.

디렉티브란?

디렉티브는 앵귤러 템플릿 마크업과 타입스크립트 코드를 조합한 것이다. 앵귤러 디렉티브는 HTML 속성이나 요소 이름, CSS 클래스일 수 있다. 타입스크립트 디렉티브 코드는 템플릿 데이터와 HTML 요소의 동작을 정의한다.

앵귤러 컴파일러는 템플릿 DOM을 탐색해서 모든 디렉티브를 컴파일한다. 그런 다음 디렉티브를 유효범위와 결합하는 식으로 디렉티브를 연결해서 새로운 라이브 뷰(live view)를 만들어낸다. 라이브 뷰에는 DOM 요소와 디렉티브에 정의된 기능이 담겨 있다.

내장 디렉티브 사용하기

HTML 요소로 구현해야 하는 앵귤러 기능의 상당수는 내장 디렉티브를 통해 제공된다. 이러한 디렉티브는 앵귤러 애플리케이션을 폭넓게 지원한다. 다음 절에서는 세 가지 범주로 분류되는 대부분의 앵귤러 디렉티브를 설명하겠다.

- **컴포넌트(Component) 디렉티브**: 템플릿이 있는 디렉티브
- **구조(Structural) 디렉티브**: DOM 요소를 조작하는 디렉티브
- **속성(Attribute) 디렉티브**: DOM 요소의 모양과 동작을 조작하는 디렉티브

이어지는 절에서는 이러한 세 가지 유형의 디렉티브에 대해 설명한다. 모든 디렉티브를 곧바로 이해할 필요는 없다. 또한 참고할 수 있는 표가 나오며, 이어지는 절과 장에서는 이러한 디렉티브를 사용하는 예제 코드도 나올 것이다.

컴포넌트 디렉티브

앵귤러 컴포넌트는 템플릿을 활용하는 구조 디렉티브의 한 형태다. 컴포넌트에서는 HTML, CSS, 앵귤러 로직을 DOM에 동적으로 추가하기 위해 HTML 태그로 사용되는 선택자를 생성한다. 컴포넌트는 앵귤러의 핵심이다.

구조 디렉티브[21]

다수의 디렉티브가 DOM의 요소를 동적으로 업데이트하거나, 생성, 제거하는 역할을 한다. 이러한 디렉티브는 애플리케이션의 레이아웃과 룩앤필을 만든다. 표 7.1에서는 이러한 디렉티브와 각 디렉티브의 동작과 사용법을 볼 수 있다.

표 7.1 구조 디렉티브

디렉티브	설명
ngFor	이 디렉티브는 순회 가능한(iterable) 객체 내의 각 항목에 대한 템플릿 사본을 생성하는 데 사용된다. 다음 예제를 보자. `<div *ngFor="let person of people"></div>`

---

21 (옮긴이) 관련 소스코드를 예제 파일의 ch07/structural에서 찾을 수 있다.

디렉티브	설명
ngIf	이 디렉티브가 요소에 있을 때 값으로 true가 반환되면 해당 요소가 DOM에 추가된다. 값으로 false가 반환되면 해당 요소는 DOM에서 제거되어 해당 요소가 리소스를 사용하지 못하게 만든다. 다음 예제를 보자. `<div *ngIf="person"></div>`

ngSwitch	이 디렉티브는 전달된 값을 토대로 템플릿을 표시한다. ngIf와 마찬가지로 값이 일치하는 경우가 없으면 요소가 만들어지지 않는다. 다음 예제를 보자.
	
	`<div [ngSwitch]="timeOfDay">`
	  `<span [ngSwitchCase]="'morning'">Morning</span>`
	  `<span [ngSwitchCase]="'afternoon'">Afternoon</span>`
	  `<span [ngSwitchDefault]="'daytime'">Evening</span>`
	
	ngSwitch 디렉티브는 ngSwitchCase와 ngSwitchDefault라는 두 개의 디렉티브에 의존한다. 이 두 디렉티브는 아래에서 설명한다.

ngSwitchCase	이 디렉티브는 저장된 값과 ngSwitch에 전달된 값을 평가하고 첨부된 HTML 템플릿을 생성해야 할지 여부를 결정한다.
ngSwitchDefault	이 디렉티브는 위의 ngSwitchCase 표현식이 모두 false로 평가될 때 HTML 템플릿을 만든다. 이렇게 하면 어떤 경우에도 특정 HTML이 생성되게 할 수 있다.

표 7.1의 디렉티브는 코드의 여러 부분에서 다양한 방식으로 사용된다. 디렉티브는 전달된 데이터를 기반으로 DOM을 동적으로 조작할 수 있게 해준다. 구조 디렉티브는 표현식이나 값을 사용해 DOM을 동적으로 조작한다. 가장 일반적인 구조 디렉티브 두 가지는 ngIf와 ngSwitch다.

ngIf는 값이나 표현식이 true를 반환하는 경우 HTML 영역을 표시한다. 앵귤러는 ngIf에 있는 * 기호를 통해 이 디렉티브를 인식한다. 다음은 ngIf 구문의 예다.

```
<div *ngIf="myFunction(val)" >...</div>
<div *ngIf="myValue" >{{myValue}}</div>
```

> **참고**
>
> ngFor는 * 기호를 접두어로 사용해 앵귤러가 인식하게 하는 디렉티브의 또 다른 예다.

ngSwitch는 값 또는 표현식이 true를 반환할 경우 HTML 영역을 표시하는 ngSwitchCase를 사용한다. ngSwitch는 단방향 데이터 바인딩의 한 형태로서 []로 둘러싸여 있고 평가를 위해 각 ngSwitchCase에 데이터를 전달한다. 다음은 ngSwitch 구문의 예다.

```
<div [ngSwitch]="time">
    <span *ngSwitchCase="'night'">It's night time </span>
    <span *ngSwitchDefault>It's day time </span>
```

예제 7.1은 내장 구조 디렉티브가 포함된 템플릿을 가진 앵귤러 컴포넌트를 보여준다. ngIf 디렉티브는 동적으로 DOM에 HTML을 추가하거나 DOM에서 HTML을 제거한다. ngSwitch는 ngIf와 동일한 작업을 수행하지만 모든 경우가 false를 반환하는 경우에 대한 기본 옵션과 함께 더 많은 옵션을 제공한다.

예제 7.1의 6번째 줄과 7번째 줄에서는 ngIf를 사용해 HTML을 표시할지 여부를 결정한다.

10번째 줄에서는 전달된 데이터만큼 HTML을 동적으로 추가하는 ngFor의 확장된 형태를 보여준다. (이 예제는 ngFor 디렉티브를 사용하는 또 다른 방법을 보여주지만 이 책의 나머지 부분에서는 더 짧은 형태의 *ngFor를 사용하겠다.)

15번째 줄에서는 ngFor 디렉티브의 축약형을 사용해 데이터를 표시한다. 이 책의 나머지 부분에서는 이 방법을 사용한다.

20~26번째 줄에서는 ngSwitchCase를 사용해 어떤 HTML 영역을 표시할지 결정한다.

그림 7.1은 렌더링된 웹 페이지를 보여준다. 보다시피 삽입식에서는 Component 클래스의 문자열을 사용해 템플릿을 채울 수 있다.

▶ 예제 7.1 app.component.ts: 내장 구조 디렉티브

```
01 import { Component } from '@angular/core';
02
03 @Component({
04   selector: 'app-root',
05   template: `
06     <div *ngIf="condition">condition met</div>
07     <div *ngIf="!condition">condition not met</div>
08     <button (click)="changeCondition()">Change Condition</button>
09     <hr>
10     <template ngFor let-person [ngForOf]="people">
11       <div>name: {{person}}</div>
12     </template>
13     <hr>
```

```
14    <h3>Monsters and where they live</h3>
15    <ul *ngFor="let monster of monsters">
16        {{monster.name}}:
17        {{monster.location}}
18    </ul>
19    <hr>
20    <div [ngSwitch]="time">
21      <span *ngSwitchCase="'night'">It's night time
22      <button (click)="changeDay()">change to day</button>
23      </span>
24      <span *ngSwitchDefault>It's day time
25      <button (click)="changeNight()">change to night</button></span>
26    </div>
27    `
28 })
29 export class AppComponent {
30   condition: boolean = true;
31   changeCondition = function(){
32     this.condition = !this.condition;
33   }
34   changeDay = function(){
35     this.time = 'day';
36   }
37   changeNight = function(){
38     this.time = 'night'
39   }
40   people: string[] = [
41     "Andrew", "Dillon", "Philipe", "Susan"
42   ]
43   monsters = [
44     { name: "Nessie",
45       location: "Loch Ness, Scotland" },
46     { name: "Bigfoot",
47       location: "Pacific Northwest, USA" },
48     { name: "Godzila",
49       location: "Tokyo, sometimes New York" }
50   ]
51   time: string = 'night';
52 }
```

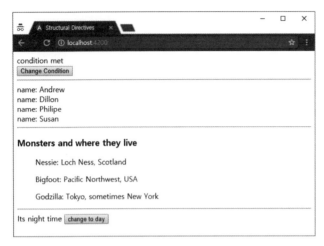

그림 7.1 내장 구조 디렉티브 사용

속성 디렉티브[22]

앵귤러 속성 디렉티브는 HTML 요소의 모양과 동작을 수정한다. 속성 디렉티브는 HTML에 직접 삽입되어 사용자가 HTML과 상호작용하는 방식을 동적으로 변경한다. 속성 디렉티브는 일반 HTML 속성처럼 보이기 때문에 이 같은 이름을 갖고 있다. 이 책 전체에서 사용하는 속성 디렉티브의 예로 표시 값을 변경함으로써 요소를 수정하는 ngModel이 있다.

표 7.2에서는 속성 디렉티브를 나열하고 각각의 동작과 사용법을 설명하고 있다.

표 7.2 속성 디렉티브

디렉티브	설명
ngModel	이 디렉티브는 변수가 변경되는지 감시해서 변경 사항을 기반으로 값을 표시한다. 다음 예제를 보자. `<input [(ngModel)]="text"> ` `<h1>{{text}}</h1>`
ngForm	이 디렉티브는 폼 그룹을 만들고 해당 폼 그룹 내의 값과 유효성 검사를 추적할 수 있게 한다. ngSubmit을 사용하면 폼 데이터를 객체로 제출 이벤트에 전달할 수 있다. 다음 예제를 보자. `<form #formName="ngForm" (ngSubmit)="onSubmit(formName)"> </form>`
ngStyle	이 디렉티브는 HTML 요소의 스타일을 업데이트한다.

---

22 (옮긴이) 관련 소스코드를 예제 파일의 ch07/attribute에서 찾을 수 있다.

표 7.2의 디렉티브는 코드의 여러 부분에서 다양한 방식으로 사용된다. 디렉티브는 애플리케이션의 동작 방식을 조작할 수 있다. 다음 예제는 내장 속성 디렉티브를 사용해 데이터를 데이터베이스에 제출하는 폼을 만드는 방법을 보여준다.

예제 7.2는 앵귤러 컴포넌트를 보여준다. 9~14번째 줄에서는 애플리케이션 전체에서 사용되는 변수의 기본값을 설정한다. 15~17번째 줄에서는 isDisabled의 값을 반대 값으로 설정하는 enabler 메서드를 정의한다. 18~30번째 줄에서는 addClass 메서드를 정의하는데, 이 메서드는 이벤트 대상의 값을 selectedClass 배열에 집어넣는다.

예제 7.3은 ngModel, ngClass, ngStyle, ngForm을 사용해 HTML 템플릿의 모양과 동작을 변경하는 앵귤러 템플릿 파일을 보여준다. 7~12번째 줄에서는 속성 컴포넌트의 color 변수에 색상을 할당하는 HTML 선택 요소를 만든다. 14~18번째 줄에서는 change 이벤트를 사용해 addClass 메서드를 호출하고 이때 event 객체를 전달하는 HTML 선택 요소를 만든다. 27~28번째 줄에서는 요소의 모양을 동적으로 수정하는 ngClass와 ngStyle 디렉티브를 사용해 컴포넌트 변수의 출력 결과를 표시한다.

예제 7.4는 애플리케이션의 스타일을 설정하는 컴포넌트의 CSS다.

그림 7.2는 렌더링된 웹 페이지를 보여준다. 여기서는 삽입식이 Component 클래스의 문자열을 사용해 템플릿을 채울 수 있음을 확인할 수 있다.

▶ **예제 7.2** app.component.ts: 앵귤러 폼을 만들고 관리하는 컴포넌트

```
01 import { Component } from '@angular/core';
02
03 @Component({
04   selector: 'app-root',
05   templateUrl: './attribute.component.html',
06   styleUrls: ['./attribute.component.css']
07 })
08 export class AppComponent {
09   colors: string[] = ["red", "blue", "green", "yellow"];;
10   name: string;
11   color: string = 'color';
12   isDisabled: boolean = true;
13   classes:string[] = ['bold', 'italic', 'highlight'];
14   selectedClass:string[] = [];
15   enabler(){
16     this.isDisabled = !this.isDisabled;
```

```
17    }
18    addClass(event: any){
19      this.selectedClass = [];
20      var values = event.target.options;
21      var opt: any;
22
23      for (var i=0, iLen = values.length; i<iLen; i++){
24        opt = values[i];
25
26        if (opt.selected){
27          this.selectedClass.push(opt.text);
28        }
29      }
30    }
31 }
```

▶ 예제 7.3 app.component.html: 속성 컴포넌트에 대한 앵귤러 템플릿

```
01 <form>
02   <span>name: </span>
03   <input name="name" [(ngModel)]="name">
04   <br>
05   <span>color:</span>
06   <input type="checkbox" (click)="enabler()">
07   <select #optionColor [(ngModel)]="color" name="color"
08           [disabled]="isDisabled">
09     <option *ngFor="let color of colors" [value]="color">
10       {{color}}
11     </option>
12   </select><hr>
13   <span>Change Class</span><br>
14   <select #classOption multiple name="styles" (change)="addClass($event)">
15     <option *ngFor="let class of classes" [value]="class" >
16       {{class}}
17     </option>
18   </select><br>
19   <span>
20     press and hold control/command
21     <br>
22     to select multiple options
23   </span>
24 </form>
```

```
25 <hr>
26 <span>Name: {{name}}</span><br>
27 <span [ngClass]="selectedClass"
28     [ngStyle]="{'color': optionColor.value}">
29 color: {{optionColor.value}}
30 </span><br>
```

▶ 예제 **7.4** app.component.css: 애플리케이션에 스타일을 적용하는 CSS 파일

```
01 .bold {
02   font-weight: bold;
03 }
04 .italic {
05   font-style: italic;
06 }
07 .highlight {
08   background-color: lightblue;
09 }
```

그림 7.2 여러 가지 방법으로 DOM의 동작 방식을 변경하는 속성 디렉티브를 적용하는 앵귤러 애플리케이션

정리

앵귤러에서는 많은 양의 코드를 작성하지 않고도 애플리케이션의 룩앤필과 동작 방식을 조작하는 기능을 제공하는 여러 내장 디렉티브를 제공한다. 이번 장에서는 이러한 내장 디렉티브의 일부를 살펴보고 앵귤러의 내장 디렉티브의 사용법을 보여주는 예제를 살펴봤다.

08

사용자 정의 디렉티브

앵귤러의 다른 여러 기능과 마찬가지로 사용자 정의 디렉티브를 만들어 기능을 확장할 수 있다. 사용자 정의 디렉티브를 이용하면 요소의 동작 방식을 직접 구현해서 HTML의 기능을 확장할 수 있다. DOM을 조작해야 하는 코드가 있다면 사용자 정의 디렉티브에서 이를 처리할 수 있을 것이다.

컴포넌트를 정의하는 것과 같은 방식으로 @Directive가 지정된 클래스를 호출해서 사용자 정의 디렉티브를 구현하면 된다. @Directive 클래스 메타데이터에는 HTML에서 사용할 디렉티브의 선택자가 포함돼 있어야 한다. 디렉티브에 대한 로직은 Directive 익스포트 클래스에 배치한다. 예를 들어, 다음은 디렉티브에 대한 기본 정의다.

```
import { Directive } from '@angular/core';
@Directive({
    selector: '[myDirective]'
})
export class myDirective { }
```

사용자 정의 속성 디렉티브 만들기[23]

정의할 수 있는 사용자 정의 디렉티브의 유형에는 제한이 없으며, 이를 통해 앵귤러를 믿을 수 없을 정도로 확장할 수 있다. 사용자 정의 디렉티브는 앵귤러에서 설명하기가 가장 복잡한 부

---

23 (옮긴이) 관련 소스코드를 예제 파일의 ch08/zoom에서 찾을 수 있다.

분이다. 사용자 정의 디렉티브를 시작하는 가장 좋은 방법은 사용자 정의 디렉티브를 구현하고 서로 상호작용하는 방법에 대한 감을 잡을 수 있는 예제를 살펴보는 것이다.

그래서 이번 절에서는 사용자 정의 속성 디렉티브를 구현하는 방법을 보여주겠다. 이 예제에서 만들 줌(zoom) 디렉티브는 이 디렉티브가 적용된 이미지에 사용자 정의 기능을 추가하는 역할을 한다. 이 디렉티브를 적용하면 마우스 휠로 이미지를 스크롤해서 요소의 크기를 늘리거나 줄일 수 있다.

예제 8.1은 이미지 목록을 표시하는 줌 컴포넌트를 보여준다. 이러한 이미지에는 줌 디렉티브가 적용되어 마우스 스크롤 이벤트를 통해 각 이미지의 크기를 늘리거나 줄일 수 있다.

예제 8.2는 줌 디렉티브를 보여준다. 이 디렉티브에는 zoom이라는 선택자가 있다. 여기서는 @angular/core에서 Directive, ElementRef, HostListener, Input, Renderer를 임포트해서 이 디렉티브에 필요한 기능을 제공한다.

예제 8.2의 10~12번째 줄에서는 마우스 커서가 요소에 들어갈 때까지 기다리다가 마우스 커서가 요소에 들어가면 border() 함수로 요소에 테두리를 적용해 디렉티브가 활성화됐음을 사용자에게 알린다.

14~16번째 줄에서는 마우스 커서가 요소에서 벗어날 때 테두리를 제거해서 디렉티브가 더는 활성화 상태가 아님을 사용자에게 알린다.

17~25번째 줄에서는 마우스 휠이 활성화되길 기다린다. 휠이 스크롤되는 방향에 따라 요소의 크기가 changeSize() 함수로 조절된다.

26~37번째 줄에서는 border() 함수를 정의한다. 이 함수는 세 개의 매개변수를 받아 해당 매개변수를 호스트 요소에 적용해 스타일을 지정한다.

38~43번째 줄에서는 호스트 요소의 크기를 변경하는 changeSize() 함수를 정의한다.

예제 8.3은 zoom.component.ts에 대한 HTML 파일이다. 여기서는 이미지로 구성된 행을 만들고 각 이미지에 줌 디렉티브를 적용한다.

예제 8.4는 zoom.component.ts에 대한 스타일을 보여준다. 여기서는 처음에 이미지의 높이를 200px로 설정해서 이미지의 해상도가 높더라도 아주 크게 렌더링되지 않게 했다.

예제 8.1 ~ 8.4의 결과가 담긴 웹 페이지는 그림 8.1과 같다.

▶ 예제 8.1 app.component.ts: 구조 디렉티브

```
01 import { Component } from '@angular/core';
02
03 @Component({
04   selector: 'app-root',
05   templateUrl: './app.component.html',
06   styleUrls: ['./app.component.css']
07 })
08 export class AppComponent {
09   images: string[] = [
10     '../assets/images/jump.jpg',
11     '../assets/images/flower2.jpg',
12     '../assets/images/cliff.jpg'
13   ]
14 }
```

▶ 예제 8.2 zoom.directive.ts: 사용자 정의 속성 디렉티브

```
01 import { Directive, ElementRef, HostListener, Input, Renderer } from '@angular/core';
02
03 @Directive({
04     selector: '[zoom]'
05 })
06
07 export class ZoomDirective {
08     constructor(private el: ElementRef, private renderer: Renderer) { }
09
10     @HostListener('mouseenter') onMouseEnter() {
11         this.border('lime', 'solid', '5px');
12     }
13
14     @HostListener('mouseleave') onMouseLeave() {
15         this.border();
16     }
17     @HostListener('wheel', ['$event']) onWheel(event: any) {
18         event.preventDefault();
19         if(event.deltaY > 0){
20             this.changeSize(-25);
21         }
```

```
22          if(event.deltaY < 0){
23              this.changeSize(25);
24          }
25      }
26      private border(
27        color: string = null,
28        type: string = null,
29        width: string = null
30        ){
31          this.renderer.setElementStyle(
32              this.el.nativeElement, 'border-color', color);
33          this.renderer.setElementStyle(
34              this.el.nativeElement, 'border-style', type);
35          this.renderer.setElementStyle(
36              this.el.nativeElement, 'border-width', width);
37      }
38      private changeSize(sizechange: any){
39          let height: any = this.el.nativeElement.offsetHeight;
40          let newHeight: any = height + sizechange;
41          this.renderer.setElementStyle(
42              this.el.nativeElement, 'height', newHeight + 'px');
43      }
44 }
```

▶ **예제 8.3** app.component.html: zoom 디렉티브를 사용하는 HTML 파일

```
01 <h1>
02   Attribute Directive
03 </h1>
04 <span *ngFor="let imag of images">
05   <img zoom src="{{image}}" />
06 </span>
```

▶ **예제 8.4** app.component.css: 이미지의 높이를 설정하는 CSS 파일

```
01 img {
02   height: 200px;
03 }
```

그림 8.1 사용자 정의 속성 디렉티브 적용

컴포넌트를 이용한 사용자 정의 디렉티브 만들기[24]

앵귤러 컴포넌트 또한 디렉티브의 일종이다. 컴포넌트와 디렉티브의 차이점은 컴포넌트는 HTML 템플릿을 사용해 뷰를 생성한다는 것이다. 그러나 컴포넌트 내부는 디렉티브에 불과하기 때문에 HTML 요소에 적용해 사용자 정의 기능을 추가할 수 있다.

앵귤러에서는 ng-content라는 내장 디렉티브를 제공한다. 이 디렉티브를 이용하면 앵귤러가 디렉티브를 사용하는 두 요소 태그 사이에 있는 기존 HTML을 가져와 컴포넌트 템플릿 내에서 해당 HTML을 사용하게 할 수 있다. ng-content의 구문은 다음과 같다.

```
<ng-content></ng-content>
```

이번 절의 예제에서는 컴포넌트를 사용자 정의 디렉티브로 사용해 컨테이너 템플릿으로 요소의 모양을 변경하는 방법을 보여주겠다.

---

24 (옮긴이) 관련 소스코드를 예제 파일의 ch08/container에서 찾을 수 있다.

이 예제에서는 "컨테이너" HTML 템플릿을 적용 대상 요소에 추가하도록 설계된 사용자 정의 디렉티브 컨테이너를 구현한다. 이 디렉티브에는 호스트 요소에 설명과 제목을 제공하는 데 사용할 수 있는 두 개의 입력 항목이 있다.

예제 8.5는 다양한 HTML 요소를 표시하는 루트 컴포넌트를 보여준다. 이러한 요소에는 컨테이너 디렉티브가 적용되어 각 요소에 제목(선택사항)이 포함된 헤더와 설명(선택사항)이 포함된 푸터, 테두리를 추가한다.

▶ 예제 8.5 app.component.ts: 루트 컴포넌트

```
01 import { Component } from '@angular/core';
02
03 @Component({
04   selector: 'app-root',
05   templateUrl: './app.component.html',
06   styleUrls: ['./app.component.css'],
07 })
08 export class AppComponent {
09
10   images: any = [
11     {
12       src: "../assets/images/angelsLanding.jpg",
13       title: "Angels Landing",
14       description: "A natural wonder in Zion National Park Utah, USA"
15     },
16     {
17       src: "../assets/images/pyramid.jpg",
18       title: "Tikal",
19       description: "Mayan Ruins, Tikal Guatemala"
20     },
21     {
22       src: "../assets/images/sunset.jpg"
23     },
24   ]
25 }
```

예제 8.6은 루트 컴포넌트에 대한 HTML을 보여준다. 여기서는 image, div, p 같은 여러 유형의 요소를 만들고 컨테이너 디렉티브를 적용한다.

▶ **예제 8.6** app.component.html: 루트 컴포넌트에 대한 HTML

```
01 <span *ngFor="let image of images" container title="{{image.title}}"
02    description="{{image.description}}">
03    <img src="{{image.src}}" />
04 </span>
05 <span container>
06    <p>Lorem ipsum dolor sit amet, consectetur adipiscing elit,
07       sed do eiusmod tempor incididunt ut labore </p>
08 </span>
09 <span container>
10    <div class="diver">
11    </div>
12 </span>
```

예제 8.7은 루트 컴포넌트에 대한 CSS를 보여준다. 여기서는 이미지의 크기를 더 작게 유지하기 위해 최대 이미지 높이를 설정한다. 또한 diver 클래스의 기본 스타일을 설정해서 사용자가 볼 수 있게 한다.

▶ **예제 8.7** app.component.css: 루트 컴포넌트에 대한 CSS

```
01 img{ height: 300px; }
02 p{ color: red }
03 .diver{
04    background-color: forestgreen;
05    height: 300px;
06    width: 300px;
07 }
```

예제 8.8은 컨테이너 디렉티브를 보여준다. 이 디렉티브에는 container 선택자와 title과 description이라는 입력 항목이 있다. 이 디렉티브에서는 @angular/core로부터 Input, Output을 임포트해서 이 디렉티브에 필요한 기능을 제공한다.

▶ **예제 8.8** container.component.ts: 컨테이너를 정의하는 컴포넌트

```
01 import { Component, Input, Output } from '@angular/core';
02
03 @Component({
04    selector: '[container]',
05    templateUrl: './container.component.html',
```

```
06    styleUrls: ['./container.component.css']
07 })
08 export class ContainerComponent {
09    @Input() title: string;
10    @Input() description: string;
11 }
```

예제 8.9는 컨테이너 디렉티브에 대한 HTML이다. 2~4번째 줄에서는 컨테이너의 제목 표시
줄을 만든다. 5~7번째 줄에서는 ng-content 디렉티브를 적용한다. ng-content는 플레이스
홀더(placeholder) 역할을 하며, 예제 8.8의 컨테이너 컴포넌트의 템플릿으로 대체될 것이다.
8~10번째 줄에서는 컨테이너 컴포넌트의 설명 표시줄을 만든다.

▶ 예제 8.9 container.component.html: 컨테이너 컴포넌트에 대한 HTML

```
01 <div class="sticky">
02     <div class="title" >
03          {{ title }}
04     </div>
05     <div class="container">
06          <ng-content></ng-content>
07     </div>
08     <div class="description">
09          {{ description }}
10     </div>
11 </div>
```

예제 8.10은 컨테이너 컴포넌트에 대한 CSS를 보여준다. 이 파일에서는 컨테이너 컴포넌트에
테두리와 제목 표시줄, 설명 표시줄을 제공하는 CSS를 설정한다.

▶ 예제 8.10 container.component.css: 컨테이너 컴포넌트에 대한 CSS

```
01 .title {
02     color: white;
03     background-color: dimgrey;
04     padding: 10px;
05 }
06 .container {
07     text-align: center;
08     margin: 0px;
```

```
09 }
10 .description {
11     color: red;
12     background-color: lightgray;
13     margin-to: -4px;
14     padding: 10px;
15 }
16 .sticky {
17     display: inline-block;
18     padding: 0px;
19     margin: 15px;
20     border-left: dimgrey 3px solid;
21     border-right: dimgrey 3px solid;
22 }
```

예제 8.5 ~ 8.10의 결과가 담긴 웹 페이지는 그림 8.2와 같다.

그림 8.2 사용자 정의 컴포넌트 디렉티브

정리

앵귤러 디렉티브는 HTML의 동작을 확장한다. 디렉티브는 앵귤러 템플릿에 HTML 요소, 속성, 클래스로 적용될 수 있다. 디렉티브의 기능은 @Directive 클래스에 정의돼 있다. 앵귤러에서는 폼 요소와 상호작용하고 데이터를 바인딩하며 브라우저 이벤트와 상호작용하는 여러 내장 디렉티브를 제공한다. 예를 들어, ngModel은 폼 요소의 값을 컴포넌트에 직접 바인딩한다. 따라서 컴포넌트의 값이 변경되면 요소에 표시되는 값도 변경되고 그 반대의 경우도 마찬가지다.

앵귤러의 가장 강력한 기능 중 하나는 사용자 정의 디렉티브를 만들 수 있다는 것이다. @Directive 클래스를 이용하면 코드에서 사용자 정의 디렉티브를 구현하는 것이 간단하다. 하지만 디렉티브는 구현하는 방법이 각양각색이므로 매우 복잡해질 수도 있다.

09

이벤트와 변경 감지

앵귤러는 데이터 바인딩을 이용해 응답을 처리함으로써 HTML 이벤트를 확장하는 강력한 브라우저 이벤트를 제공한다. 내장 앵귤러 이벤트 중 일부는 6장 "데이터 바인딩"의 "이벤트 바인딩" 절에서 살펴봤다. 이번 장에서는 내장 이벤트, 사용자 정의 이벤트, 앵귤러 애플리케이션을 이용한 이벤트 처리에 대해 살펴본다.

브라우저 이벤트 사용하기

앵귤러에서 내장 이벤트를 사용하는 것은 데이터 바인딩을 사용하는 것과 비슷하다. 이벤트 이름을 ()로 감싸는 식으로 앵귤러가 바인딩할 이벤트를 인식하게 한다. 이벤트 다음에는 데이터를 조작하는 데 사용할 수 있는 문장이 온다. 다음은 내장 이벤트 구문의 예다.

```
<input type="text" (change)="myEventHandler($event)" />
```

표 9.1에서는 HTML 이벤트 중 일부와 각각에 해당하는 앵귤러 문법과 간단한 설명을 보여준다.

표 9.1 앵귤러 구문과 이벤트 설명을 덧붙인 HTML 이벤트

HTML 이벤트	앵귤러 구문	설명
onclick	(click)	HTML 요소를 클릭할 때 발생하는 이벤트
onchange	(change)	HTML 요소의 값이 변경될 때 발생하는 이벤트

HTML 이벤트	앵귤러 구문	설명
onfocus	(focus)	HTML 요소가 선택될 때 발생하는 이벤트
onsubmit	(submit)	폼을 제출할 때 발생하는 이벤트
onkeyup, onkeydown, onkeypress	(keyup), (keydown), (keypress)	키보드 키를 누를 때 간헐적으로 발생하는 이벤트
onmouseover	(mouseover)	커서가 HTML 요소 위로 이동하면 발생하는 이벤트

이러한 이벤트 중 일부는 이전 장에서 사용했기 때문에 익숙할 것이다. 앵귤러 구문은 단방향 데이터 바인딩을 사용하며, 이때 앵귤러 이벤트를 ()로 감싸서 이벤트에 대한 정보를 컴포넌트에 전달한다는 점을 알아두자.

사용자 정의 이벤트 내보내기

컴포넌트의 가장 큰 특징은 컴포넌트 계층 구조 내에서 이벤트를 내보낼(emit) 수 있다는 것이다. 이벤트를 이용하면 이벤트가 발생했음을 나타내기 위해 애플리케이션의 여러 수준으로 알림을 보낼 수 있다. 이벤트는 값이 변경되거나 임곗값에 도달한 것과 같이 어떤 것이든 될 수 있다. 이는 부모 컴포넌트에서 값이 변경됐음을 자식 컴포넌트에 알리거나 그 반대의 경우와 같은 여러 상황에서 굉장히 유용하다.

부모 컴포넌트 계층 구조로 사용자 정의 이벤트 내보내기

컴포넌트에서 이벤트를 내보내려면 EventEmitter 클래스를 사용하면 된다. 이 클래스에는 부모 컴포넌트 계층 구조를 통해 위쪽으로 이벤트를 보내는 emit() 메서드가 있다. 그럼 이벤트에 대해 등록한 모든 조상 컴포넌트에 통지된다. emit() 메서드는 다음과 같은 구문을 사용한다. 여기서 name은 이벤트 이름이고 args는 이벤트 핸들러 함수에 전달할 0개 이상의 인자다.

```
@Output() name: EventEmitter<any> = new EventEmitter();
myFunction(){
  this.name.emit(args);
}
```

리스너를 이용한 사용자 정의 이벤트 처리

내보내진 이벤트를 처리하려면 앵귤러에서 제공하는 내장 이벤트에 사용된 것과 비슷한 구문을 사용하면 된다. 이벤트 핸들러 메서드는 다음 구문을 사용한다. 여기서 name은 수신 대기할 이벤트의 이름이고 event는 EventEmitter에서 전달한 값이다.

```
<div (name)="handlerMethod(event)">
```

중첩 컴포넌트에서 사용자 정의 이벤트 구현[25]

예제 9.1, 9.2, 9.3에서는 EventEmitter, Output, emit, 이벤트 핸들러를 사용해 컴포넌트 계층 구조로 이벤트를 보내고 처리하는 방법을 보여준다.

예제 9.1은 자식 컴포넌트의 사용자 정의 이벤트를 사용해 부모의 변수에 데이터를 전달하는 사용자 정의 이벤트 컴포넌트를 보여준다. 9~11번째 줄에서는 이벤트를 받아 그것을 text 변수에 적용하는 사용자 정의 이벤트 핸들러를 구현한다.

예제 9.2의 1번째 줄에서는 이벤트를 eventHandler라는 컴포넌트 메서드로 전달하는 myCustomEvent라는 사용자 정의 이벤트를 구현한다. eventHandler 메서드에서는 내보내진 값을 받아 3번째 줄에서 출력되는 text 변수에 값을 할당한다.

예제 9.3의 1번째 줄에서는 @angular/core로부터 컴포넌트 내에서 사용할 Output과 EventEmitter를 임포트한다. 15번째 줄에서는 Output과 EventEmitter를 사용해 myCustomEvent라는 사용자 정의 이벤트를 만든다. 19번째 줄과 24번째 줄에서는 모두 이벤트를 내보내고 message 변수를 부모 컴포넌트로 전달한다.

그림 9.1은 렌더링된 웹 페이지를 보여준다.

▶ **예제 9.1** app.component.ts: 이벤트 핸들러가 포함된 메인 컴포넌트

```
01 import { Component } from '@angular/core';
02
03 @Component({
04   selector: 'app-root',
```

---

25 (옮긴이) 관련 소스코드를 예제 파일의 ch09/customEvent에서 찾을 수 있다.

```
05    templateUrl: 'app.component.html'
06 })
07 export class AppComponent {
08    text: string = '';
09    eventHandler(event: any){
10      this.text = event;
11    }
12
13 }
```

▶ **예제 9.2** app.component.html: 사용자 정의 이벤트를 구현하는 HTML

```
01 <child (myCustomEvent)="eventHandler($event)"></child>
02 <hr *ngIf="text">
03 {{text}}
```

▶ **예제 9.3** child.component.ts: 이벤트를 내보내는 자식 컴포넌트

```
01 import { Component, Output, EventEmitter } from '@angular/core';
02
03 @Component({
04    selector: 'child',
05    template: `
06      <button (click)="clicked()" (mouseleave)="mouseleave()">
07        Click Me
08      </button>
09    `,
10    styleUrls: ['child.component.css']
11 })
12 export class ChildComponent {
13    private message = "";
14
15    @Output() myCustomEvent: EventEmitter<any> = new EventEmitter();
16
17    clicked() {
18      this.message = "You've made a custom event";
19      this.myCustomEvent.emit(this.message);
20    }
21
22    mouseleave(){
23      this.message = "";
```

```
24      this.myCustomEvent.mit(this.message);
25   }
26 }
```

그림 9.1 사용자 정의 이벤트 만들기

자식 컴포넌트에서 부모 컴포넌트의 데이터 삭제하기[26]

예제 9.4 ~ 9.9에서는 EventEmitter, Input, Output, emit, 이벤트 핸들러를 사용해 컴포넌트 계층 구조로 이벤트를 보내고 처리하는 방법을 보여준다.

예제 9.4는 사용자 정의 이벤트를 통해 조작할 수 있는 문자 목록을 생성하는 컴포넌트를 보여준다. 21번째 줄의 selectCharacter() 함수는 character 값을 변경하는 이벤트 핸들러이며, 변경된 이후에 그 값은 상세 컴포넌트로 전달될 수 있다.

---

26 (옮긴이) 관련 소스코드를 예제 파일의 ch09/characterSelect에서 찾을 수 있다.

예제 9.5의 9번째 줄에서는 CharacterDeleted라는 사용자 정의 이벤트를 구현하며, 여기서는 이 이벤트를 받는 deleteChar() 메서드를 호출한다. 예제 9.4의 24~30번째 줄에서는 CharacterDeleted 이벤트에 대한 핸들러를 구현하며, 여기서는 characters 프로퍼티에서 캐릭터 이름을 제거한다. 예제 9.7의 14번째 줄에서는 자식 컴포넌트가 emit() 메서드를 통해 이 이벤트를 내보낸다.

예제 9.7의 10번째 줄에서는 부모로부터 데이터를 받는 캐릭터 입력을 생성한다. 11번째 줄에서는 CharacterDeleted라는 EventEmitter를 만드는데, 이는 14번째 줄에서 캐릭터 데이터를 부모에서 처리하도록 전달하는 데 사용된다.

예제 9.8의 8번째 줄에서는 deleteChar() 메서드를 호출하는데, 이 메서드는 예제 9.7의 14번째 줄의 EventEmitter를 활성화해서 캐릭터 데이터를 부모 컴포넌트로 보낸다.

그림 9.2는 렌더링된 웹 페이지를 보여준다.

▶ **예제 9.4** app.component.ts: 중첩된 컴포넌트로 데이터를 전달하는 메인 컴포넌트

```
01 import { Component } from '@angular/core';
02
03 @Component({
04   selector: 'app-root',
05   templateUrl: './app.component.html',
06   styleUrls: ['./app.component.css']
07 })
08 export class AppComponent {
09   character = null;
10
11   characters = [{name: 'Frodo', weapon: 'Sting',
12                       race: 'Hobbit'},
13          {name: 'Aragorn', weapon: 'Sword',
14                       race: 'Man'},
15          {name:'Legolas', weapon: 'Bow',
16                       race: 'Flf'},
17          {name: 'Gimli', weapon: 'Axe',
18                       race: 'Dwarf'}
19   ]
20
21   selectCharacter(character){
22     this.character = character;
```

```
23   }
24   deleteChar(event){
25     var index = this.characters.indexOf(event);
26     if(index > -1) {
27       this.characters.splice(index, 1);
28     }
29     this.character = null;
30   }
31
32 }
```

▶ 예제 9.5 app.component.html: 사용자 정의 이벤트를 구현하는 HTML

```
01 <h2>Custom Events in Nested Components</h2>
02 <div *ngFor="let character of characters">
03   <div class="char" (click)="selectCharacter(character)">
04     {{character.name}}
05   </div>
06 </div>
07 <app-character
08   [character]="character"
09   (CharacterDeleted)="deleteChar($event)">
10 </app-character>
```

▶ 예제 9.6 app.component.css: 캐릭터 컴포넌트의 스타일

```
01 .char{
02     padding: 5px;
03     border: 2px solid forestgreen;
04     margin: 5px;
05     border-radius: 10px;
06     cursor: pointer;
07 }
08 .char:hover{
09   background-color: lightgrey;
10 }
11 body{
12   text-align: center;
13 }
```

▶ 예제 9.7 characters.component.ts: 삭제 이벤트를 내보내는 상세 컴포넌트

```
01 import { Component, Output, Input, EventEmitter } from '@angular/core';
02
03 @Component({
04   selector: 'app-character',
05   templateUrl: './characters.component.html',
06   styleUrls: ['./characters.component.css']
07 })
08 export class CharacterComponent {
09
10   @Input('character') character: any;
11   @Output() CharacterDeleted  = new EventEmitter<any>();
12
13   deleteChar(){
14     this.CharacterDeleted.emit(this.character);
15   }
16
17 }
```

▶ 예제 9.8 characters.component.html: 삭제 이벤트를 발생시키는 HTML

```
01 <div>
02   <div *ngIf="character">
03     <h2>Character Details</h2>
04     <div class="cInfo">
05       <b>Name: </b>{{character.name}}<br>
06       <b>Race: </b>{{character.race}}<br>
07       <b>Weapon: </b>{{character.weapon}}<br>
08       <button (click)="deleteChar()">Delete</button>
09     </div>
10   </div>
11 </div>
```

▶ 예제 9.9 characters.component.css: 상세 컴포넌트의 스타일

```
01 div{
02     display: block;
03 }
04 .Info{
05     border: 1px solid blue;
06     text-align: center;
```

```
07      padding: 10px;
08      border-radius: 10px;
09 }
10 h2{
11   text-align: center;
12 }
13 button{
14   cursor: pointer;
15 }
```

그림 9.2 이벤트를 이용한 데이터 전송과 삭제

옵저버블 활용

옵저버블(Observables)은 컴포넌트에 서버나 사용자 입력에서 오는 데이터처럼 비동기적으로 변경되는 데이터를 관찰할 수 있는 방법을 제공한다. 기본적으로 옵저버블을 이용하면 시간 경과에 따른 값의 변화를 감시할 수 있다. 단일 값을 반환하는 자바스크립트 프로미스(promise)와 달리 옵저버블은 값의 배열을 반환할 수 있다. 이 값의 배열을 한 번에 모두 받을 필요는 없으며, 이 같은 특성은 옵저버블을 훨씬 강력하게 만들어준다.

옵저버블 객체 생성

먼저 컴포넌트 내에서 사용할 Observable을 rxjs/observable에서 임포트한다. 임포트하고 나면 다음 구문을 사용해 옵저버블 객체를 만들 수 있다. 여기서 name은 옵저버블의 이름이다.

```
private name: Observable<Array<number>>;
```

옵저버블 객체가 만들어지면 이를 구독할 수 있고 나머지 컴포넌트에서 옵저버블 데이터를 사용할 수 있다. 이것은 두 부분으로 이뤄진다. 즉, 옵저버블을 구현하는 것과 subscribe 메서드를 사용하는 것이다. 다음은 옵저버블의 기본 예제다.

```
01 private name: Observable<Array<number>>;
02 ngOnInit(){
03    this.name = new Observable(observer => {
04      observer.next("my observable")
05      observer.complete();
06    }
07    let subscribe = this.name.subscribe(
08      data => { console.log(data) },
09      error => { errorHandler(error) },
10      () => { final() }
11    });
12    subscribe.unsubscribe();
13 }
```

3~6번째 줄에서는 옵저버블의 name을 observer로 인스턴스화해서 구독할 수 있게 만들었다. 4번째 줄에서는 observer에 대해 next 메서드를 사용해 데이터를 옵저버블에 전달했다. 5번째 줄에서는 observer에 대해 complete 메서드를 사용해 옵저버블에 대한 연결을 닫는다.

옵저버블에 대한 구독은 7~11번째 줄에서 일어난다. 이 구독에는 세 가지 콜백 함수가 있다. 첫 번째 콜백 함수는 구독을 통해 데이터를 성공적으로 수신하면 호출된다. 두 번째 콜백 함수는 오류 핸들러로서 구독이 실패했을 때 호출된다. 세 번째 콜백 함수는 구독이 성공하든 실패하든 구독이 완료됐을 때 코드를 실행한다.

8번째 줄에서는 구독을 통해 데이터를 성공적으로 받았을 때 console.log 함수에 데이터를 전달한다. 9번째 줄에서는 errorHandler 함수를 호출한다. 10번째 줄에서는 final()을 호출한다.

옵저버블을 이용한 데이터 변경 관찰[27]

예제 9.10과 9.11에서는 Observable을 사용해 데이터 변경을 감시한다. 이번 절의 예제에서는 옵저버블을 사용해 데이터 변경을 감시한 다음 해당 데이터를 DOM에 표시할 수 있게 만든다.

예제 9.10은 애플리케이션의 컴포넌트를 보여준다. 이 컴포넌트에서는 pass와 run이라는 두 개의 Observable 객체를 생성한다. 이러한 옵저버블에는 0~30 범위의 무작위 숫자를 구해서 두 팀의 합계가 1,000 또는 그 이상이 될 때까지 무작위로 두 팀 중 하나에 각 숫자를 부여하는 함수가 있다.

예제 9.10의 11번째 줄과 12번째 줄에서는 pass와 run이라는 옵저버블을 선언한다. 이 두 Observable 객체는 모두 컴포넌트가 초기화될 때 실행되는 ngOnInit 함수 내에서 초기화되고 구독된다 .

pass는 18~20번째 줄에서 초기화되고 run은 27~29번째 줄에서 초기화된다. 두 Observable 이 초기화되고 나면 pass와 run 모두 43~53번째 줄에서 playLoop 함수를 사용한다. playLoop 함수에서는 팀을 결정하는 0~1 범위의 무작위 숫자와 야드에 해당하는 0~29 범위의 무작위 숫자를 담은 객체를 생성해서 전송한다. 그런 다음 각 옵저버블에서는 팀을 선택하고 야드를 팀의 패스 야드나 러닝 야드에 적용한다.

57~59번째 줄에서는 애플리케이션의 나머지 부분에서 타임아웃 함수와 팀, 야드에 대한 무작위 값을 생성하는 데 사용할 난수 생성기를 만든다.

예제 9.11은 이 예제의 HTML을 보여준다. 이 예제는 세 가지 주요 부분으로 구성된다. 3~5 번째 줄에서는 첫 번째 팀의 거리(단위: 야드) 데이터를 보여준다. 8~10번째 줄에서는 두 번째 팀에 대해 똑같은 내용을 보여준다. 11번째 줄에서는 두 팀의 거리 합계를 보여준다.

그림 9.3은 렌더링된 웹 페이지를 보여준다.

▶ **예제 9.10** app.component.ts: 데이터 변경 감지를 위한 옵저버블

```
01 import { Component, OnInit } from '@angular/core';
02 import { Observable } from 'rxjs/observable';
03 import { Subscription } from 'rxjs/Subscription';
```

---

27 (옮긴이) 관련 소스코드를 예제 파일의 ch09/observables에서 찾을 수 있다.

```
04 @Component({
05   selector: 'app-root',
06   templateUrl: "./observable.component.html",
07   styleUrls: ['./app.component.css']
08 })
09 export class AppComponent implements OnInit {
10   combinedTotal:number = 0;
11   private pass: Observable<any>;
12   private run: Observable<any>;
13   teams = [];
14   ngOnInit(){
15       this.teams.push({passing:0, running:0, total:0});
16       this.teams.push({passing:0, running:0, total:0});
17       //Passing
18       this.pass = new Observable(observer => {
19         this.playLoop(observer);
20       });
21       this.pass.subscribe(
22         data => {
23           this.teams[data.team].passing += data.yards;
24           this.addTotal(data.team, data.yards);
25         });
26       //Running
27       this.run = new Observable(observer => {
28         this.playLoop(observer);
29       });
30       this.run.subscribe(
31         data => {
32           this.teams[data.team].running += data.yards;
33           this.addTotal(data.team, data.yards);
34         });
35       //Combined
36       this.pass.subscribe(
37         data => { this.combinedTotal += data.yards;
38         });
39       this.run.subscribe(
40         data => { this.combinedTotal += data.yards;
41         });
42   }
43   playLoop(observer){
44     var time = this.getRandom(500, 2000);
```

```
45      setTimeout(() => {
46        observer.next(
47          { team: this.getRandom(0,2),
48            yards: this.getRandom(0,30)}});
49        if(this.combinedTotal < 1000){
50          this.playLoop(observer);
51        }
52      }, time);
53    }
54    addTotal(team, yards){
55      this.teams[team].total += yards;
56    }
57    getRandom(min, max) {
58      return Math.floor(Math.random() * (max - min)) + min;
59    }
60  }
```

▶ 예제 9.11 app.componet.html: 컴포넌트의 템플릿 파일

```
01  <div>
02    Team 1 Yards:<br>
03    Passing: {{teams[0].passing}}<br>
04    Running: {{teams[0].running}}<br>
05    Total: {{teams[0].total}}<br>
06    <hr>
07    Team 2 Yards:<br>
08    Passing: {{teams[1].passing}}<br>
09    Running: {{teams[1].running}}<br>
10    Total: {{teams[1].total}}<hr>
11    Combined Total: {{combinedTotal}}
12  </div>
```

그림 9.3 옵저버블을 이용해 시간 경과에 따른 데이터 변경을 감시

정리

이벤트를 관리하는 기능은 대부분의 앵귤러 애플리케이션에서 대단히 중요한 요소 중 하나다. 앵귤러 애플리케이션에서 이벤트를 이용하면 요소와의 사용자 상호작용뿐 아니라 상호 통신을 통해 언제 특정 작업을 수행할지 알 수 있는 애플리케이션 컴포넌트도 제공할 수 있다.

컴포넌트는 계층 구조로 구성되며, 루트 컴포넌트는 애플리케이션 수준에서 정의된다. 이번 장에서는 컴포넌트 내에서 이벤트를 내보내고, 그러한 이벤트를 수신 대기하고 있다고 이벤트가 발생했을 때 실행되는 핸들러를 구현하는 방법을 배웠다. 또한 옵저버블을 비롯해 값을 비동기적으로 관찰하기 위해 옵저버블을 구현하는 방법에 대해서도 배웠다.

10

웹 애플리케이션에서
앵귤러 서비스 구현하기

앵귤러 기능의 가장 기본적인 구성 요소 중 하나는 서비스다. 서비스는 애플리케이션에 작업 기반의 기능을 제공한다. 서비스는 하나 이상의 관련 작업을 수행하는 재사용 가능한 코드로 생각하면 된다. 앵귤러에서는 여러 가지 내장 서비스를 제공하며, 직접 사용자 정의 서비스를 만들 수도 있다.

이번 장에서는 내장 앵귤러 서비스를 소개한다. 또한 웹 서버 통신을 위한 http, 애플리케이션의 상태를 관리하고 변경하기 위한 router, 애니메이션 기능을 제공하기 위한 animate 같은 내장 서비스를 살펴보고 구현하는 법도 살펴볼 것이다.

앵귤러 서비스란?

서비스의 목적은 특정 작업을 수행하는 간결한 코드를 제공하는 것이다. 서비스는 값 정의를 제공하는 것만큼 간단하거나 웹 서버에 완전한 HTTP 통신을 제공하는 것만큼 복잡한 작업을 수행한다.

서비스는 앵귤러 애플리케이션에서 즉시 사용할 수 있는 재사용 가능한 기능을 담는 컨테이너를 제공한다. 서비스는 앵귤러의 의존성 주입 메커니즘을 통해 정의되고 등록된다. 이를 통해 모듈, 컴포넌트, 다른 서비스에 서비스를 주입할 수 있다.

내장 서비스 사용하기

앵귤러에서는 의존성 주입을 이용해 앵귤러 모듈에 포함된 몇 가지 내장 서비스를 제공한다. 서비스가 모듈에 포함되고 나면 애플리케이션 전체에서 사용할 수 있다.

표 10.1은 서비스를 통해 무엇을 할 수 있는지 알려주기 위해 가장 일반적인 내장 서비스 중 일부를 설명한 것이다. 이어지는 절에서는 http와 router 서비스에 대해 자세히 다루겠다.

표 10.1 앵귤러에 내장된 공통 서비스

서비스	설명
animate	CSS 및 자바스크립트 기반 애니메이션 모두에 연동할 수 있는 애니메이션 훅(hook)을 제공한다.
http	웹 서버나 다른 서비스에 HTTP 요청을 보내는 기능을 제공한다.
router	뷰와 뷰 사이나 뷰 내의 영역 간 이동을 제공한다.
forms	간단한 폼 검증이 포함된 동적 및 반응형 폼을 만들 수 있는 서비스를 제공한다.

http 서비스를 이용한 HTTP GET과 PUT 요청 보내기

http 서비스를 이용하면 앵귤러 코드에서 직접 웹 서버와 상호작용할 수 있다. http 서비스는 내부적으로 브라우저의 XMLHttpRequest 객체를 사용하지만 앵귤러 프레임워크의 컨텍스트에 맞춰 사용한다.

http 서비스를 사용하는 방법에는 두 가지가 있다. 가장 간단한 방법은 표준 HTTP 요청에 해당하는 다음과 같은 내장 축약형 메서드 중 하나를 사용하는 것이다.

- delete(url, [options])
- get(url, [options])
- head(url, [options])
- post(url, data, [options])
- put(url, data, [options])
- patch(url, data, [options])

이러한 메서드에서 url 매개변수는 웹 요청의 URL이다. 선택적 options 매개변수는 요청을 구현할 때 사용할 옵션을 지정하는 자바스크립트 객체다. 표 10.2은 options 매개변수에 설정할 수 있는 몇 가지 속성을 나열한 것이다.

표 10.2 http 서비스 요청의 options 매개변수에 정의할 수 있는 프로퍼티

프로퍼티	설명
method	GET이나 POST 같은 HTTP 메서드
url	요청 자원의 URL
params	전송할 매개변수. ?key1=value1&key2=value2&...과 같은 형식의 문자열일 수 있다. 또는 객체일 수도 있다. 이 경우 객체는 JSON 문자열로 변환된다.
body	요청 메시지 본문으로 보낼 데이터
headers	요청과 함께 보낼 헤더. 프로퍼티로 보낼 헤더 이름이 담긴 객체로 지정할 수 있다. 객체의 프로퍼티에 null이 설정돼 있으면 해당 헤더는 전송되지 않는다.
withCredentials	true일 경우 XHR 객체의 withCredentials 플래그가 설정된 것을 나타내는 불린
responseType	JSON이나 text 같은 예상하는 응답 유형

HTTP 요청 구성

options 매개변수를 직접 http(options) 메서드로 보내서 요청, URL, 데이터를 지정할 수 있다. 예를 들어, 다음 두 줄은 정확히 같다.

```
http.get('/myUrl');
http({method: 'GET', url:'/myUrl'});
```

HTTP 응답 콜백 함수 구현

http 객체를 이용해 요청 메서드를 호출하면 Observable 객체가 반환되므로 서버와 주고받은 데이터를 지속적으로 관찰할 수 있다. 옵저버블에는 RxJS 라이브러리를 사용해 데이터를 변환하거나 사용할 수 있게 해주는 여러 연산자가 있다. 몇 가지 유용한 메서드는 다음과 같다.

- map: 옵저버블 시퀀스의 각 값에 함수를 적용한다. 이를 통해 옵저버블 스트림의 출력을 사용자 정의 데이터 형식으로 동적으로 변환할 수 있다.

- toPromise: 옵저버블을 Promise 객체로 변환한다. Promise 객체는 프로미스에서 사용 가능한 메서드에 접근할 수 있다. 프로미스 객체는 비동기 연산을 처리하는 구문을 제공한다.

- catch: 옵저버블 시퀀스에서 발생한 오류를 우아하게 처리할 함수를 지정한다.

- debounce: 옵저버블 스트림에서 값을 내보낼 간격을 지정한다. 해당 간격에 해당하는 옵저버블 값만 내보내고, 중간값은 내보내지 않는다.

다음은 옵저버블을 반환하는 GET 요청의 간단한 예다.

```
get(): Observable<any>{
  http.get(url)
    .map(response => response.JSON())
    .catch(err => Rx.Observable.of('the error was: ${err}'));
}
```

간단한 JSON 파일 구현과 http 서비스를 이용한 접근[28]

예제 10.1 ~ 10.5에서는 JSON 파일 형태로 간단한 모의 웹 서버와 여기에 접근하는 앵귤러 애플리케이션을 구현한다. 그림 10.1은 출력 결과를 보여준다. 웹 서버에는 사용자 목록이 담긴 간단한 JSON 객체가 들어 있다. 사용자는 웹 애플리케이션을 통해 사용자 목록을 볼 수 있다. 이 예제는 아주 기초적이어서 코드를 쉽게 이해할 수 있다. 예제에는 GET 요청은 물론 오류 처리 예제도 모두 포함돼 있다.

예제 10.1은 JSON 객체가 담긴 JSON 파일이다. 이 파일은 HTTP GET 요청을 이용해 접근할 수 있으며, 이때 http로 하여금 JSON 객체를 받아 앵귤러 애플리케이션에 옵저버블로 반환하게 한다.

▶ **예제 10.1** dummyDB.json: 사용자 데이터가 담긴 JSON 객체

```
01 [
02   {
03     "userId": 1,
04     "userName": "brendan",
05     "userEmail": "fake@email.com"
06   },
07   {
08     "userId": 2,
09     "userName": "brad",
10     "userEmail": "email@notreal.com"
11   },
12   {
```

---

28 (옮긴이) 관련 소스코드를 예제 파일의 ch10/http에서 찾을 수 있다.

```
13      "userId": 3,
14      "userName": "caleb",
15      "userEmail": "dummy@email.com"
16    },
17    {
18      "userId": 4,
19      "userName": "john",
20      "userEmail": "ridiculous@email.com"
21    },
22    {
23      "userId": 5,
24      "userName": "doe",
25      "userEmail": "some@email.com"
26    }
27 ]
```

예제 10.2는 앵귤러 컴포넌트를 구현한 것이다. 3번째 줄에서 http를 임포트하고 5번째 줄
에서 rxjs를 임포트한다. (참고로 npm을 통해 rxjs를 설치해야 할 수도 있다.) rxjs를 이
용하면 옵저버블 객체를 대상으로 toPromise()를 호출할 수 있다. 여기서는 15번째 줄의
constructor() 메서드에서 http를 인스턴스화하는 것을 눈여겨보자. 16번째 줄에서는 URL
로 전달된 dummyDB.json 파일에 대한 경로가 포함된 HTTP GET 요청을 볼 수 있다. http.
get() 메서드에서 반환한 옵저버블 응답을 프로미스 객체로 변환하기 위해 toPromise() 메
서드를 호출했다. 프로미스가 완료되면 .then()이 호출된다. 이 메서드에서는 프로미스 객
체 데이터를 받아 애플리케이션에 표시할 수 있도록 users 배열에 적용한다. 오류가 발생하면
catch가 호출되어 오류 응답 객체를 사용할 콜백 함수에 전달한다.

▶ **예제 10.2** app.component.ts: GET 요청에 대한 HTTP 서비스를 구현하는 컴포넌트

```
01 import { Component } from '@angular/core';
02 import { Observable }      from 'rxjs/Observable';
03 import { Http }        from '@angular/http';
04
05 import 'rxjs/Rx';
06
07 @Component({
08   selector: 'app-root',
09   templateUrl: './app.component.html',
10   styleUrls: ['./app.component.css']
11 })
```

```
12 export class AppComponent {
13   users = [];
14
15   constructor(private http: Http){
16     http.get('../assets/dummyDB.json')
17       .toPromise()
18       .then((data) => {
19         this.users = data.JSON()
20       })
21       .catch((err) =>{
22         console.log(err);
23       })
24   }
25 }
```

예제 10.3에서는 HttpModule을 임포트해서 애플리케이션 전체에서 http 서비스를 사용할 수 있게 하는 앵귤러 모듈을 구현한다. HttpModule은 4번째 줄의 @angular/http에서 임포트한 다음 15번째 줄에서 imports 배열에 추가된다.

▶ **예제 10.3** app.module.ts: 애플리케이션에서 사용하기 위한 HttpModule을 임포트하는 앵귤러 모듈

```
01 import { BrowserModule } from '@angular/platform-browser';
02 import { NgModule } from '@angular/core';
03 import { FormsModule } from '@angular/forms';
04 import { HttpModule } from '@angular/http';
05
06 import { AppComponent } from './app.component';
07
08 @NgModule({
09   declarations: [
10     AppComponent
11   ],
12   imports: [
13     BrowserModule,
14     FormsModule,
15     HttpModule
16   ],
17   providers: [],
18   bootstrap: [AppComponent]
19 })
20 export class AppModule { }
```

예제 10.4에서는 ngFor를 사용해 애플리케이션에 표시할 사용자 목록을 만드는 앵귤러 템플릿을 구현한다.

▶ **예제 10.4** app.component.html: 데이터베이스에서 받은 사용자 목록을 표시하는 앵귤러 템플릿

```
01 <h1>
02    Users
03 </h1>
04 <div class="user" *ngFor="let user of users">
05    <div><span>Id:</span> {{user.userId}}</div>
06    <div><span>Username:</span> {{user.userName}}</div>
07    <div><span>Email:</span> {{user.userEmail}}</div>
08 </div>
```

예제 10.5는 애플리케이션에 스타일을 적용해 각 사용자를 서로 쉽게 구별할 수 있게 해주는 CSS 파일이다.

▶ **예제 10.5** app.component.css: 애플리케이션에 스타일을 더하는 CSS 파일

```
01 span{
02    width: 75px;
03    text-align: right;
04    font-weight: bold;
05    dislay: inline-block;
06 }
07 .user{
08    border: 2px ridge blue;
09    margin: 10px 0px;
10    padding: 5px;
11 }
```

그림 10.1 앵귤러 컴포넌트가 웹 서버와 상호작용할 수 있도록 http 서비스 구현

http 서비스를 이용한 간단한 모의 서버 구현[29]

예제 10.6 ~ 10.11에서는 간단한 모의 웹 서버와 거기에 접근하는 앵귤러 애플리케이션을 구현한다. 그림 10.2는 출력 결과를 보여준다. 웹 서버에서는 사용자 목록이 담긴 간단한 JSON 객체를 반환한다. 웹 애플리케이션에서는 HTTP GET, create, delete 요청을 사용해 사용자가 사용자 목록을 보거나 추가, 제거할 수 있게 한다.

> **참고**
>
> 모의 서비스를 만들려면 콘솔에서 다음 명령을 실행해야 한다.
>
> ```
> npm install angular-in-memory-web-api
> ```
>
> 이 서비스는 개발 용도로만 만들어진 것이며 제품 애플리케이션에서 사용해서는 안 된다.

---

29 (옮긴이) 관련 소스코드를 예제 파일의 ch10/createDelete에서 찾을 수 있다.

예제 10.6은 JSON 객체를 반환하는 모의 데이터 서비스다. 이 파일에는 HTTP 요청을 이용해 접근할 것이며, 이때 http로 데이터베이스를 수정할 수 있게 허용할 것이다. 1번째 줄에서는 InMemoryDbService를 임포트해서 앵귤러가 InMemoryDbService를 세션이 활성화돼 있는 동안 데이터를 저장할 수 있는 데이터베이스로 사용하게 한다. 데이터베이스는 3번째 줄에서 사용자를 JSON 객체를 반환하는 createDb() 메서드를 통해 생성되고 사용 가능한 상태가 된다.

▶ **예제 10.6** data.service.ts: 사용자에게 JSON 객체를 반환하는 앵귤러 모의 서비스

```
01 import { InMemoryDbService } from 'angular-in-memory-web-api';
02 export class InMemoryDataService implements InMemoryDbService {
03   createDb() {
04     const users = [
05       {
06         "id": 1,
07         "userName": "brendan",
08         "email": "fake@email.com"
09       },
10       {
11         "id": 2,
12         "userName": "brad",
13         "email": "email@notreal.com"
14       },
15       {
16         "id": 3,
17         "userName": "caleb",
18         "email": "dummy@email.com"
19       }
20     ]
21     return {users};
22   }
23 }
```

예제 10.7은 앵귤러 컴포넌트를 구현한 것이다. 7번째 줄에서 임포트한 UserService에는 이 애플리케이션에서 사용할 모든 HTTP 기능이 포함돼 있다. UserService는 13번째 줄의 컴포넌트 공급자(providers)에 추가해서 컴포넌트에서 사용할 수 있게 만들었다. 19번째 줄에서는 UserService가 생성자 변수로 구현돼 있다.

31~37번째 줄에서는 사용자 객체를 받는 deleteUser() 함수를 정의한다. 32번째 줄과 33번째 줄에서는 UserService의 deleteUser() 함수를 호출하고 사용자 ID를 전달해서 데이터베이스에 삭제할 사용자를 알려준다. 이 함수의 .then()에 있는 콜백에서는 this.getUsers()를 호출해서 현재 사용자 목록을 갱신한다.

39~52번째 줄에서는 createUser() 함수를 정의한다. 이 함수는 username과 email이라는 두 개의 매개변수를 받는다. 이 함수의 41~44번째 줄에서는 user 객체에 두 매개변수를 할당한다. 48~51번째 줄에서는 UserService의 createUser() 메서드를 호출하고 사용자 객체를 전달한다. 응답이 수신되면 createUser() 메서드는 users 배열에 응답을 집어넣고 이는 DOM에 즉시 반영된다.

▶ 예제 10.7 app.component.ts: http 서비스를 사용해 사용자 목록을 가져오고 수정하는 앵귤러 컴포넌트

```
01 import { Component, OnInit } from '@angular/core';
02 import { Observable }        from 'rxjs/Observable';
03 import { Http }       from '@angular/http';
04
05 import 'rxjs/Rx';
06
07 import { UserService } from './user.service';
08
09 @Component({
10   selector: 'app-root',
11   templateUrl: './app.component.html',
12   styleUrls: ['./app.component.css'],
13   providers: [UserService]
14 })
15 export class AppComponent implements OnInit {
16   users = [];
17   selectedUser;
18
19   constructor(private UserService: UserService){ }
20
21   ngOnInit(){
22     this.getUsers()
23   }
24
25   getUsers(): void {
26     this.UserService
```

```
27              .getUsers()
28              .then(users => this.users = users)
29    }
30
31    deleteUser(user){
32      this.UserService
33        .deleteUser(user.id)
34        .then(() => {
35          this.getUsers();
36        });
37    }
38
39    createUser(userName, email){
40      this.selectedUser = null;
41      let user = {
42        'userName': userName.trim(),
43        'email': email.trim()
44      };
45      if (!user.userName || !user.email){
46        return;
47      }
48      this.UserService.createUser(user)
49          .then(res => {
50            this.users.push(res);
51          })
52    }
53 }
```

예제 10.8에서는 애플리케이션에 대한 모든 HTTP 요청을 처리하는 앵귤러 서비스인 UserService를 구현한다. 16~21번째 줄에서는 deleteUser() 메서드를 정의하며, 이 메서드는 id 매개변수를 받는다. 그런 다음 id를 사용해 HTTP delete 요청이 생성되어 서버로 전달된 후 일치하는 ID를 가진 사용자를 삭제한다. 22~31번째 줄에서는 사용자 객체를 받는 createUser() 메서드를 정의한다. post 요청은 사용자를 JSON 문자열로 서버에 전달해서 서버에 사용자를 추가한다.

▶ 예제 10.8 user.service.ts: http를 사용해 서버에 데이터를 보내고 서버로부터 데이터를 받는 앵귤러 서비스

```
01 import { Injectable } from '@angular/core';
02 import { Http }        from '@angular/http';
```

```
03  import 'rxjs/add/operator/toPromise';
04
05  @Injectable()
06  export class UserService {
07    url = 'api/users'
08    constructor(private http: Http) { }
09
10    getUsers(): Promise<any[]> {
11      return this.http.get(this.url)
12                  .toPromise()
13                  .then(response => response.JSON())
14                  .catch(this.handleError)
15    }
16    deleteUser(id: number): Promise<void>{
17      return this.http.delete(`${this.url}/${id}`)
18                  .toPromise()
19                  .then(() => null)
20                  .catch(this.handleError);
21    }
22    createUser(user): Promise<any>{
23      return this.http
24                  .post(this.url, JSON.stringify({
25                    userName: user.userName,
26                    email: user.email
27                  }))
28                  .toPromise()
29                  .then(res => res.JSON())
30                  .catch(this.handleError)
31    }
32
33    private handleError(error: any): Promise<any> {
34      console.error('An error occurred', error);
35      return Promise.reject(error.message || error);
36    }
37
38  }
```

예제 10.9에서는 ngFor를 활용해 애플리케이션 내에 표시할 사용자 목록을 생성하는 앵귤러 템플릿을 구현한다.

▶ **예제 10.9** app.component.html: 데이터베이스에서 받은 사용자 목록을 표시하고 사용자 생성 및 삭제 옵션을 포함한 앵귤러 템플릿

```
01 <div>
02   <label>user name:</label> <input #userName />
03   <label>user email:</label> <input #userEmail />
04   <button (click)="createUser(userName.value, userEmail.value);
05            userName.value=''; userEmail.value=''">
06     Add
07   </button>
08 </div>
09
10 <h1>
11   Users
12 </h1>
13 <div class="userCard" *ngFor="let user of users">
14   <div><span>Id:</span> {{user.id}}</div>
15   <div><span>Username:</span> {{user.userName}}</div>
16   <div><span>Email:</span> {{user.email}}</div>
17   <button class="delete"
18       (click)="deleteUser(user); $event.stopPropagation()">x</button>
19 </div>
```

예제 10.10은 각 사용자를 구별하기 쉽도록 애플리케이션의 스타일을 지정하는 CSS 파일이다.

▶ **예제 10.10** app.component.css: 애플리케이션에 스타일을 적용하는 CSS 스타일시트

```
01 span{
02   width: 75px;
03   text-align: right;
04   font-weight: bold;
05   display: inline-block;
06 }
07 .userCard{
08   border: 2px ridge blue;
09   margin: 10px 0px;
10   padding: 5px;
11 }
12 .selected{
13   background-color: steelblue;
14   color: white;
15 }
```

예제 10.11에서는 모의 데이터 서비스를 임포트하는 앵귤러 모듈을 구현한다. 5번째 줄에서는 모의 데이터베이스를 애플리케이션과 연동하는 것을 돕는 InMemoryWebApiModule을 angular-in-memory-web-api에서 임포트한다. 8번째 줄에서는 예제 10.6의 InMemoryDataService를 임포트한다. 18번째 줄에서는 InMemoryDataService를 대상으로 InMemoryWebApiModule의 forRoot 메서드를 사용해 HTTP 요청에서 데이터베이스 서비스를 사용할 수 있게 만든다.

▶ **예제 10.11** app.module.ts: 애플리케이션에서 사용할 InMemoryWebApiModule을 임포트하는 앵귤러 모듈

```
01 import { BrowserModule } from '@angular/platform-browser';
02 import { NgModule } from '@angular/core';
03 import { FormsModule } from '@angular/forms';
04 import { HttpModule } from '@angular/http';
05 import { InMemoryWebApiModule } from 'angula-in-memory-web-api';
06
07 import { AppComponent } from './app.component';
08 import { InMemoryDataService } from './data.service'
09
10 @NgModule({
11   declarations: [
12     AppComponent
13   ],
14   imports: [
15     BrowserModule,
16     FormsModule,
17     HttpModule,
18     InMemoryWebApiModule.forRoot(InMemoryDataService)
19   ],
20   providers: [],
21   bootstrap: [AppComponent]
22 })
23 export class AppModule { }
```

그림 **10.2** 데이터베이스에 항목을 생성하고 데이터베이스로부터 항목을 삭제하는 간단한 모의 서버 구현

간단한 모의 서버 구현 및 http 서비스를 이용한 서버의 항목 업데이트[30]

예제 10.12 ~ 10.16에서는 이전 예제뿐 아니라 거기에 접근하는 앵귤러 애플리케이션과 동일한 모의 웹 서버를 구현한다. 그림 10.3은 출력 결과를 보여준다. 사용자는 이 웹 애플리케이션을 통해 HTTP get 및 put 요청을 사용해 사용자 목록을 보거나 편집할 수 있다.

예제 10.12는 JSON 객체를 반환하는 모의 데이터 서비스다. 이 파일은 HTTP 요청을 사용해 접근할 수 있으며, 이때 http를 통해 데이터베이스가 수정될 것이다. 1번째 줄에서는 InMemoryDbService를 임포트하는데, 앵귤러에서는 세션이 활성화돼 있는 동안 이 InMemoryDbService를 데이터를 저장할 수 있는 데이터베이스로 사용한다. 3번째 줄에서는 사용자를 JSON 객체로 반환하는 createDb() 메서드를 이용해 데이터베이스를 생성하고 사용 가능하게 만든다.

▶ 예제 **10.12** data.service.ts: 사용자에게 JSON 객체를 반환하는 앵귤러 모의 서비스

```
01 import { InMemoryDbService } from 'angular-in-memory-web-api';
02 export class InMemoryDataService implements InMemoryDbService {
03     createDb() {
```

---

30 (옮긴이) 관련 소스코드를 예제 파일의 ch10/update에서 찾을 수 있다.

```
04      const users = [
05        {
06          "id": 1,
07          "userName": "brendan",
08          "email": "fake@email.com"
09        },
10        {
11          "id": 2,
12          "userName": "brad",
13          "email": "email@notreal.com"
14        },
15        {
16          "id": 3,
17          "userName": "caleb",
18          "email": "dummy@email.com"
19        }
20      ]
21      return {users};
22    }
23 }
```

예제 10.13에서는 템플릿에 표시할 사용자 목록을 가져오는 앵귤러 컴포넌트를 구현한다. 이 컴포넌트를 통해 사용자를 업데이트할 수도 있다. 7번째 줄과 13번째 줄에서는 UserService를 임포트해서 컴포넌트에 제공한다. 19번째 줄에서 UserService는 UserService라는 변수로 변환된다. 21~23번째 줄에서는 ngOnInit 메서드를 보여주는데, 이 메서드는 컴포넌트의 로드가 완료될 때 getUsers 메서드를 호출한다. 25~29번째 줄에서는 getUsers 메서드를 보여주는데, 이 메서드는 UserService의 getUsers 메서드를 호출해서 그 결과를 users 변수에 할당한다. 31~33번째 줄에서는 user라는 매개변수를 받는 selectUser 메서드를 보여준다. 이 메서드는 사용자를 selectedUser 변수에 할당한다. 35~39번째 줄에서는 user라는 매개변수를 받는 updateUser 메서드를 보여준다. updateUser 메서드는 selectedUser 변수를 null로 설정하고 user를 매개변수로 삼아 UserService의 updateUser 메서드를 호출한다. updateUser 메서드의 실행이 완료되면 getUsers 메서드를 호출해서 표시되는 사용자 목록을 갱신한다.

▶ **예제 10.13** app.component.ts: http를 사용해 데이터베이스의 데이터를 업데이트하는 하는 앵귤러 컴포넌트

```
01 import { Component, OnInit } from '@angular/core';
02 import { Observable }         from 'rxjs/Observable';
03 import { Http }        from '@angular/http';
04
05 import 'rxjs/Rx';
06
07 import { UserService } from './user.service';
08
09 @Component({
10   selector: 'app-root',
11   templateUrl: './app.component.html',
12   styleUrls: ['./app.component.css'],
13   providers: [UserService]
14 })
15 export class AppComponent implements OnInit {
16   users = [];
17   selectedUser;
18
19   constructor(private UserService: UserService){ }
20
21   ngOnInit(){
22     this.getUsers()
23   }
24
25   getUsers(): void {
26     this.UserService
27        .getUsers()
28        .then(users => this.users = users)
29   }
30
31   selectUser(user){
32     this.selectedUser = user;
33   }
34
35   updateUser(user){
36     this.selectedUser = null;
37     this.UserService.updateUser(user)
38     .then(() => this.getUsers());
39   }
40 }
```

예제 10.14에서는 애플리케이션에 대한 모든 HTTP 요청을 처리하는 앵귤러 서비스인 UserService를 구현한다. 16~24번째 줄에서는 user 매개변수를 받는 updateUser 메서드를 정의한다. 이 메서드에서는 어느 사용자를 업데이트할지 나타내는 URL이 생성된다. HTTP put 요청은 20번째 줄에서 생성되고, 이때 앞서 생성된 URL과 json.stringify 메서드에 전달된 user 객체를 받는다. 그런 다음 updateUser 메서드는 요청이 성공한 경우 응답 객체를 전송하거나 요청이 실패할 경우 오류 핸들러로 이동한다.

▶ **예제 10.14** user.service.ts: 사용자를 가져오고 업데이트하는 앵귤러 서비스

```
01 import { Injectable } from '@angular/core';
02 import { Http }       from '@angular/http';
03 import 'rxjs/add/operator/toPromise';
04
05 @Injectable()
06 export class UserService {
07   url = 'api/users'
08   constructor(private http: Http) { }
09
10   getUsers(): Promise<any[]> {
11     return this.http.get(this.url)
12               .toPromise()
13               .then(response => response.JSON())
14               .catch(this.handleError)
15   }
16   updateUser(user): Promise<void>{
17     console.log(user);
18     const url = `${this.url}/${user.id}`;
19     return this.http
20       .put(url, JSON.stringify(user))
21       .toPromise()
22       .then(() => user)
23       .catch(this.handleError)
24   }
25
26   private handleError(error: any): Promise<any> {
27     console.error('An error occurred', error);
28     return Promise.reject(error.message || error);
29   }
30
31 }
```

예제 10.15에서는 ngFor를 사용해 애플리케이션 내에 표시할 사용자 목록을 생성하는 앵귤러 템플릿을 구현한다. 이러한 각 사용자는 선택할 수 있다. 한 사용자를 선택하면 해당 사용자의 정보가 사용자가 편집하고 저장할 수 있는 편집 가능한 폼 필드에 표시된다. 20~24번째 줄에서는 updateUser 메서드를 호출해서 해당 사용자의 갱신된 정보가 담긴 객체를 전달하기 위해 클릭할 수 있는 버튼을 표시한다.

▶ **예제 10.15** app.component.html: 사용자 목록을 표시하고 업데이트할 수 있는 앵귤러 템플릿

```
01 <h1>
02    Users
03 </h1>
04 <div class="userCard" *ngFor="let user of users"
05    (click)="selectUser(user)"
06    [class.selected]="user === selectedUser">
07 <div><span>Id:</span> {{user.id}}</div>
08 <div><span>Username:</span> {{user.userName}}</div>
09 <div><span>Email:</span> {{user.email}}</div>
10 </div>
11
12 <div *ngIf="selectedUser">
13   <label>user name:</label>
14   <input #updateName [ngModel]="selectedUser.userName"/>
15
16   <label>user email:</label>
17   <input #updateEmail [ngModel]="selectedUser.email" />
18
19
20   <button (click)="updateUser(
21      {'id': selectedUser.id,
2       'userName': updateName.value,
23       'email': updateEmail.value});
24   ">
25     Save
26   </button>
27 </div>
```

예제 10.16은 각 사용자를 구별하기 쉽게 애플리케이션에 스타일을 적용하는 CSS 파일이다. 여기서는 사용자가 각 사용자를 클릭할 수 있음을 알 수 있게 도와주는 로직을 제공한다.

▶ **예제 10.16** app.component.css: 애플리케이션에 스타일을 적용하는 CSS 파일

```css
01 span{
02   width: 75px;
03   text-align: right;
04   font-weight: bold;
05   display: inline-block;
06 }
07 .userCard{
08   border: 2px ridge blue;
09   margin: 10px 0px;
10   padding: 5px;
11   cursor: pointer;
12 }
13 .userCard:hover{
14   background-color: lightblue;
15 }
16 .selected{
17   background-color: steelblue;
18   color: white;
19 }
```

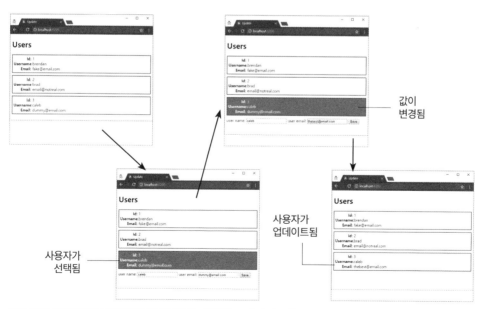

그림 10.3 데이터베이스의 항목을 업데이트하는 간단한 모의 서버 구현

router 서비스를 이용한 뷰 변경

router 서비스를 이용하면 웹 애플리케이션의 뷰를 변경해서 컴포넌트 사이를 이동할 수 있다. 이는 전체 페이지 뷰 변경(full-page view change)을 통해 이뤄지거나 단일 페이지 애플리케이션 내의 소규모 영역을 변경함으로써 이뤄질 수 있다. router 서비스는 RouterModule이라는 외부 앵귤러 모듈에 들어있으며 애플리케이션 전체에서 사용하려면 애플리케이션 모듈에 임포트해야 한다.

앱의 라우팅을 설정하려면 @angular/router로부터 Routes와 Router 모듈을 임포트해야 한다. 애플리케이션을 유지보수하기 쉽게 유지하려면 router를 메인 애플리케이션 모듈로 임포트할 수 있는 자체적인 모듈로 구성해야 한다.

애플리케이션에 대한 라우트를 정의하는 것은 객체 배열을 만드는 것처럼 간단하며, 이때 각 객체에서는 특정 라우트를 정의한다. 이러한 각 라우트에 필요한 두 가지 옵션은 path와 component다. path 옵션은 컴포넌트에 도달하기 위해 따라야 할 트리를 지정한다. component 옵션은 뷰에 어떤 컴포넌트가 로드될지 정의한다. 다음 예제는 Routes 배열을 정의하는 구문을 보여준다.

```
const routes: Routes = [
  {
    path: '',
    component: myComponent
  },
  {
    path: 'route',
    component: myComponent
  },
  {
    path: 'routeWithParams/:param1/:param2',
    component: myComponent
  }
]
```

더 많은 매개변수를 route 객체에 추가할 수 있다. 표 10.3에서 그중 일부를 볼 수 있다.

표 10.3 route 서비스 객체의 config 매개변수에 정의할 수 있는 프로퍼티

프로퍼티	설명
path	라우터 트리에서 이 라우트가 어디에 속하는지 보여준다.
component	라우팅될 때 어떤 컴포넌트가 로드될지 정의한다.
redirectTo	현재 라우트 대신 정의된 경로로 리디렉션한다.
outlet	라우트를 렌더링하는 RouterOutlet에 사용되는 이름을 지정한다.
canActivate	false로 지정될 경우 활성화를 방지해서 라우트를 보호한다.
canActivateChild	false로 지정될 경우 활성화를 방지해서 자식 라우트를 보호한다.
canDeactivate	라우트를 비활성화할 수 있는지 여부를 지정한다.
canLoad	특정 모듈이 라우트에서 로드되지 않게 해서 보호한다.
data	데이터를 컴포넌트로 전달할 수 있게 한다.
resolve	활성화 전에 라우트에 대한 데이터를 미리 가져오는 리졸버(resolver)를 지정한다.
children	라우트 객체가 포함된 중첩 라우트 배열을 허용한다(이러한 객체 각각은 이 표에서 설명한 것과 동일한 옵션을 갖는다).
loadChildren	자식 라우트에 대한 지연 로드를 허용한다.
runGaurdsAndResolvers	가드와 리졸버가 실행되는 시점을 정의한다.

routes 배열이 정의되면 router 서비스에서 이를 인식하고 어떻게 사용할지 알 수 있게 라우터로 구현해야 한다. 이렇게 하려면 RouterModule의 forRoot 메서드를 사용하면 된다. 이것의 결과는 routing 모듈의 imports 배열에 포함된다. 이렇게 하는 구문은 다음과 같다.

```
imports: [RouterModule.forRoot(routes)]
```

앵귤러에서 라우트 사용하기

앵귤러에서 라우트를 사용하려면 routing 모듈을 메인 앱 모듈 내에 포함하고 imports에도 포함해야 한다(내장 앵귤러와 마찬가지로). 애플리케이션 모듈에 포함되고 나면 정의된 라우트를 애플리케이션 전체에서 사용할 수 있게 된다.

컴포넌트 내에서 router를 사용할 수 있으려면 @angular/router로부터 Router와 ActivatedRoute를 임포트해야 한다. Router와 ActivatedRoute를 임포트하고 나면 생성자를 통해 이를 구현해야 한다. 다음 코드는 이렇게 하는 구문을 보여준다.

```
constructor(
    private route: ActivatedRoute,
    private router: Router
){}
```

라우트를 이동하는 데는 두 가지 방법이 있다. 첫 번째 방법은 다음 구문과 같이 앵귤러 디렉티브인 routerLink를 사용해 HTML에서 직접 이동하는 것이다.

```
<a routerLink="/myRoute">
```

라우트 사이를 이동하는 두 번째 방법은 컴포넌트 클래스에서 다음과 같은 구문을 사용하는 것이다.

```
myFunction(){
  this.router.navigate(['myRoute'])
}
```

라우터를 모두 사용할 준비가 끝나면 마지막 단계는 라우트를 애플리케이션에 표시하는 것이다. 이를 위해서는 앵귤러 HTML 태그인 router-outlet을 사용하면 된다. 이때 router-outlet을 사용하는 컴포넌트는 라우터 바깥에 위치할 것이며, router-outlet을 제외한 그 밖의 다른 요소는 현재 표시되는 라우트에 관계없이 항상 표시된다는 것을 알아두자. router-outlet은 다음 구문으로 구현할 수 있다.

```
<router-outlet></router-outlet>
```

단순 라우터 구현하기[31]

예제 10.17 ~ 10.23에서는 사용자가 두 컴포넌트 사이를 이동할 수 있는 간단한 라우터를 구현한다. 그림 10.4는 출력 결과를 보여준다. 이 라우터는 HTML 내의 앵귤러 routerLink 디렉티브를 통해 뷰를 변경할 수 있게 해준다.

예제 10.17에서는 애플리케이션의 메인 모듈인 애플리케이션 모듈을 보여준다. app.module에서는 예제 10.18의 Router 모듈을 임포트한다. 이 파일의 6번째 줄에서는 AppRoutingModule을 로드해서 21번째 줄에서 imports 배열에 추가된다.

---

31 (옮긴이) 관련 소스코드를 예제 파일의 ch10/routing에서 찾을 수 있다.

▶ **예제 10.17** app.module.ts: Router 모듈 파일을 임포트하는 앵귤러 모듈

```
01 import { BrowserModule } from '@angular/platform-browser';
02 import { NgModule } from '@angular/core';
03 import { FormsModule } from '@angular/forms';
04 import { HttpModule } from '@angular/http';
05
06 import { AppRoutingModule } from './app-routing.module';
07 import { AppComponent } from './app.component';
08 import { Route2Component } from './route2/route2.component';
09 import { HomeComponent } from './home/home.component';
10
11 @NgModule({
12   declarations: [
13     AppComponent,
14     Route2Component,
15     HomeComponent
16   ],
17   imports: [
18     BrowserModule,
19     FormsModule,
20     HttpModule,
21     AppRoutingModule
22   ],
23   providers: [],
24   bootstrap: [AppComponent]
25 })
26 export class AppModule { }
```

예제 10.18은 애플리케이션의 라우트를 정의하는 Router 모듈을 보여준다. Router 모듈에서는 Routes와 RouterModule을 임포트해서 애플리케이션 내에서 라우팅을 활성화한다. 또한 Router 모듈에서는 라우트로 사용될 컴포넌트도 임포트한다. 5~14번째 줄에서는 애플리케이션에 대한 라우트 정의가 담긴 routes 배열을 정의한다. 6~9번째 줄에서는 경로가 빈문자열로 설정돼 있기 때문에 애플리케이션의 기본 경로로 사용될 홈 라우트를 정의한다. 홈라우트는 HomeComponent를 뷰를 제어하는 컴포넌트로 사용한다. 10~13번째 줄에서는 경로가 route2로 설정된 경우에 표시되는 두 번째 라우트 객체를 정의한다. 이 라우트에서는 Route2Component를 사용한다.

▶ **예제 10.18** app-routing.module.ts: 이 애플리케이션에 대한 라우트를 정의하는 앵글러 모듈

```
01 import { NgModule } from '@angular/core';
02 import { Routes, RouterModule } from '@angular/router';
03 import { Route2Component } from './route2/route2.component';
04 import { HomeComponent } from './home/home.component';
05 const routes: Routes = [
06   {
07     path: '',
08     component: HomeComponent
09   },
10   {
11     path: 'route2',
12     component: Route2Component
13   }
14 ];
15
16 @NgModule({
17   imports: [RouterModule.forRoot(routes)],
18   exports: [RouterModule]
19 })
20 export class AppRoutingModule { }
```

예제 10.19에서는 애플리케이션의 루트 컴포넌트를 보여준다. 이 컴포넌트에는 router가 자신의 라우트를 표시하도록 router-outlet을 출력하는 간단한 템플릿이 포함돼 있다.

▶ **예제 10.19** app.component.ts: router-outlet을 정의하는 앵글러 컴포넌트

```
01 import { Component } from '@angular/core';
02
03 @Component({
04   selector: 'app-root',
05   template: '<router-outlet></router-outlet>'
06 })
07 export class AppComponent {}
```

예제 10.20은 홈 컴포넌트 템플릿 파일을 보여준다. 이 파일에서는 사용자에게 라우트가 작동 중임을 알리는 메시지를 표시하고, routerLink를 사용해 사용자를 별도의 뷰로 이동하게 하는 링크를 표시한다.

▶ 예제 10.20 home.component.html: 기본적으로 표시되는 라우트인 HTML 파일

```
01 <p>
02   Home Route works!
03 </p>
04 <a routerLink="/route2">Route 2</a>
```

예제 10.21은 홈 컴포넌트 파일을 보여준다. 이 파일은 컴포넌트를 최대한 간소화한 형태다. 이 컴포넌트의 주된 목적은 템플릿 파일을 로드해서 라우터에서 사용할 수 있게 만드는 것이다.

▶ 예제 10.21 home.component.ts: 라우트가 있는 템플릿이 포함된 앵귤러 컴포넌트

```
01 import { Component} from '@angular/core';
02
03 @Component({
04   selector: 'app-home',
05   templateUrl: './home.component.html',
06   styleUrls: ['./home.component.css']
07 })
08 export class HomeComponent{}
```

예제 10.22는 route2 컴포넌트 템플릿 파일을 보여준다. 이 파일은 사용자에게 라우트가 작동 중임을 알리는 메시지를 표시하고 routerLink를 이용해 사용자를 별도의 뷰로 이동하게 하는 링크를 표시한다.

▶ 예제 10.22 route2.component.html: route2 컴포넌트에 대한 HTML 템플릿 파일

```
01 <p>
02   route 2 works!
03 </p>
04 <a routerLink="/">Route 1</a>
```

예제 10.23은 간소화된 route2 컴포넌트 파일을 보여준다. 이 파일의 주된 목적은 템플릿 파일을 로드해서 그것을 라우터에서 사용할 수 있게 만드는 것이다.

▶ **예제 10.23** route2.component.ts: 라우트가 있는 템플릿이 포함된 앵글러 컴포넌트

```
01 import { Component } from '@angular/core';
02
03 @Component({
04   selector: 'app-route2',
05   templateUrl: './route2.componenthtml'
06 })
07 export class Route2Component {}
```

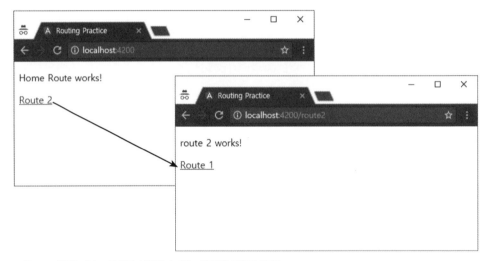

그림 10.4 두 컴포넌트 사이를 이동할 수 있는 간단한 라우터 구현

내비게이션 바를 이용한 라우터 구현[32]

예제 10.24 ~ 10.35에서는 사용자가 중첩된 뷰 사이를 이동할 수 있게 내비게이션 바가 포함된 라우터를 구현한다. 그림 10.5는 출력 결과를 보여준다. 이 라우터는 HTML 내의 routerLink 디렉티브(뷰를 변경할 수 있게 해주는)를 사용해 이동한다.

예제 10.24에서는 애플리케이션의 라우트를 정의하는 Router 모듈을 보여준다. Router 모듈은 라우트로 사용되는 모든 컴포넌트를 임포트한다. 이 예제에는 홈 라우트가 없다. 라우트가 비어있는 경우 20~24번째 줄에 나온 것처럼 라우터가 page1로 리디렉션한다. 또한 URL에 잘

---

32 (옮긴이) 관련 소스코드를 예제 파일의 ch10/tabs에서 찾을 수 있다.

못된 라우트가 입력된 경우에도 25~29번째 줄에 나온 것처럼 라우터가 page1로 리디렉션
한다.

▶ 예제 10.24 app-routing.module.ts: 애플리케이션의 라우트를 정의한 앵귤러 모듈

```
01 import { NgModule } from '@angular/core';
02 import { Routes, RouterModule } from '@angular/router';
03 import { Page1Component } from './page1/page1.component';
04 import { Page2Component } from './page2/page2.component';
05 import { Page3Component } from './page3/page3.component';
06 import { NavComponent } from './nav/nav.component';
07 const routes: Routes = [
08   {
09     path: 'page1',
10     component: Page1Component
11   },
12   {
13     path: 'page2',
14     component: Page2Component
15   },
16   {
17     path: 'page3',
18     component: Page3Component
19   },
20   {
21     path: '',
22     redirectTo: '/page1',
23     pathMatch: 'full'
24   },
25   {
26     path: '**',
27     redirectTo: '/page1',
28     pathMatch: 'full'
29   }
30 ];
31
32 @NgModule({
33   imports: [RouterModule.forRoot(routes)],
34   exports: [RouterModule]
35 })
36 export class AppRoutingModule { }
```

예제 10.25는 내비게이션 바를 제어하고 페이지 내의 뷰에 대한 연결을 제어하는 내비게이션 컴포넌트를 보여준다. 9~19번째 줄에서는 내비게이션 바가 내비게이션용 링크가 포함된 버튼을 만드는 데 사용할 수 있는 사용 가능한 페이지 배열을 보여준다.

▶ **예제 10.25** nav.component.ts: 뷰 사이를 이동하는 내비게이션 바를 생성하는 앵귤러 컴포넌트

```
01 import { Component, OnInit } from '@angular/core';
02
03 @Component({
04   selector: 'app-nav',
05   templateUrl: './nav.component.html',
06   styleUrls: ['./nav.component.css']
07 })
08 export class NavComponent{
09   pages = [
10     { 'url': 'page1',
11       'text': 'page 1'
12     },
13     { 'url': 'page2',
14       'text': 'page 2'
15     },
16     { 'url': 'page3',
17       'text': 'page 3'
18     }
19   ]
20 }
```

예제 10.26은 내비게이션 컴포넌트 템플릿 파일을 보여준다. 여기서는 이름이 지정된 라우트 사이를 이동할 수 있는 버튼 목록을 생성한다.

▶ **예제 10.26** nav.component.html: 내비게이션 바에 대한 뷰를 생성하는 앵귤러 템플릿

```
01 <span class="container" *ngFor="let page of pages">
02   <a routerLink="/{{page.url}}">{{page.text}}</a>
03 </span>
```

예제 10.27은 내비게이션 컴포넌트에 대한 CSS 파일을 보여준다. 이 파일은 내비게이션 바 버튼에 스타일을 적용한다. 9~12번째 줄에서는 사용자가 버튼 위에 마우스를 올리면 버튼과 텍스트의 색이 바뀌게 한다.

▶ 예제 **10.27** nav.component.css: 애플리케이션의 내비게이션 버튼에 스타일을 적용하는 CSS 파일

```
01 a{
02    padding: 5px 10px;
03    border: 1px solid darkblue;
04    background-color: steelblue;
05    color: white;
06    text-decoration: none;
07    border-radius: 3px;
08 }
09 a:hover{
10    color: black;
11    background-color: lightgrey;
12 }
```

예제 10.28은 애플리케이션에 대한 진입점 역할을 하고 라우팅된 뷰와 내비게이션 컴포넌트를 로드하는 루트 컴포넌트 파일인 app.component.ts를 보여준다.

▶ 예제 **10.28** app.comonent.ts: 애플리케이션의 루트 컴포넌트 역할을 하는 앵귤러 컴포넌트

```
01 import { Component } from '@angular/core';
02
03 @Component({
04    selector: 'app-root',
05    templateUrl: './app.component.html',
06    styleUrls: ['./app.component.css']
07 })
08 export class AppComponent { }
```

예제 10.29는 루트 컴포넌트 템플릿 파일을 보여준다. 이 파일에서는 내비게이션 컴포넌트를 로드한 후 router-outlet을 통해 애플리케이션에 대한 뷰를 로드한다.

▶ 예제 **10.29** app.component.html: 내비게이션 컴포넌트를 로드하는 부분과 router-outlet으로 구성된 앵귤러 템플릿

```
01 <div><app-nav></app-nav></div>
02 <div><router-outlet></router-outlet></div>
```

예제 10.30은 내비게이션 바가 위치할 공간을 제공해서 멋지게 표시되게 해주는 루트 컴포넌트 CSS 파일을 보여준다.

▶ **예제 10.30** app.component.css: 내비게이션 바에 대한 스타일을 적용하는 CSS 파일

```
01 div{
02   margin: 15px 0px;
03 }
```

예제 10.31은 page1 컴포넌트를 보여준다. 이 컴포넌트에서는 이 애플리케이션의 뷰 중 하나로 사용될 템플릿을 로드한다. 5번째 줄에서는 뷰에 표시될 이미지를 로드한다.

▶ **예제 10.31** page1.component.ts: page1 컴포넌트

```
01 import { Component } from '@angular/core';
02
03 @Component({
04   selector: 'app-page1',
05   template: '<img src="../assets/images/lake.jpg" />'
06 })
07 export class Page1Component {}
```

예제 10.32는 page2 컴포넌트를 보여준다. 이 컴포넌트에서는 애플리케이션의 뷰 중 하나로 사용될 템플릿을 로드한다.

▶ **예제 10.32** page2.component.ts: page2 컴포넌트

```
01 import { Component } from '@angular/core';
02
03 @Component({
04   selector: 'app-page2',
05   templateUrl: './page2.component.html'
06 })
07 export class Page2Component { }
```

예제 10.33은 뷰에 로드될 더미 텍스트가 담긴 page2 템플릿 파일을 보여준다.

▶ **예제 10.33** page2.component.html: 2페이지에 대한 뷰를 생성하는 앵귤러 템플릿

```
01 <p>
02   Lorem ipsum dolor sit amet, consectetur adipiscing elit. Nam efficitur
03   tristique ornare. Interdum et malesuada fames ac ante ipsum primis in
04   faucibus. Proin id nulla vitae arcu laoreet consequat. Donec quis
```

```
05    convallis felis. Mauris ultricies consectetur lectus, a hendrerit leo
06    feugiat sit amet. Aliquam nec velit nibh. Nam interdum turpis ac dui
07    congue maximus. Integer fringilla ante vitae arcu molestie finibus. Morbi
08    eget ex pellentesque, convallis orci venenatis, vehicula nunc.
09 </p>
```

예제 10.34는 page3 컴포넌트를 보여준다. 이 컴포넌트에서는 이 애플리케이션의 뷰 중 하나로 사용될 템플릿을 로드한다.

▶ **예제 10.34** page3.component.ts: page3 컴포넌트

```
01 import { Component } from '@angular/core';
02
03 @Component({
04   selector: 'app-page3',
05   templateUrl: './page3.component.html'
06 })
07 export class Page3Component {}
```

예제 10.35는 뷰에 표시할 텍스트 에리어(textarea) 박스를 만드는 page3 템플릿 파일을 보여준다.

▶ **예제 10.35** page3.component.html: 3페이지에 대한 뷰를 생성하는 앵귤러 템플릿

```
01 <textarea rows="4" cols="50" placeHolder="Some Text Here">
02 </textarea>
```

1번 페이지 클릭

2번 페이지 클릭

3번 페이지 클릭

그림 10.5 중첩된 뷰 사이를 이동할 수 있게 내비게이션 바가 포함된 라우터 구현

매개변수가 포함된 라우터 구현[33]

예제 10.36 ~ 10.40에서는 url 매개변수를 통해 특정 뷰로 데이터를 전송할 수 있는 라우트가 포함된 라우터를 구현한다. 그림 10.6은 출력 결과를 보여준다.

예제 10.36은 애플리케이션의 라우트를 정의하는 Router 모듈을 보여준다. Router 모듈에서는 라우트로 사용될 컴포넌트를 임포트한다. 12번째 줄에서는 this.text라는 매개변수를 받는 2페이지에 대한 경로를 정의한다.

▶ 예제 10.36 app-routing.module.ts: 라우트를 정의하는 Router 모듈

```
01 import { NgModule } from '@angular/core';
02 import { Routes, RouterModule } from '@angular/router';
03 import { Page1Component } from './page1/page1.component';
04 import { Page2Component } from './page2/page2.component';
```

---

33 (옮긴이) 관련 소스코드를 예제 파일의 ch10/params에서 찾을 수 있다.

```
05 import { NavComponent } from './nav/nav.component';
06 const routes: Routes = [
07   {
08     path: 'page1',
09     component: Page1Component
10   },
11   {
12     path: 'page2/:params',
13     component: Page2Component
14   },
15   {
16     path: '',
17     redirectTo: '/page1',
18     pathMatch: 'full'
19   },
20   {
21     path: '**',
22     redirectTo: '/page1',
23     pathMatch: 'full'
24   }
25 ];
26
27 @NgModule({
28   imports: [RouterModule.forRoot(routes)],
29   exports: [RouterModule]
30 })
31 export class AppRoutingModule { }
```

예제 10.37은 루트 컴포넌트인 app.component.ts를 보여준다. 이 파일에 포함된 템플릿에서는 라우터의 뷰를 표시하는 router-outlet을 선언한다.

▶ **예제 10.37** app.component.ts: 애플리케이션의 진입점 역할을 하는 앵귤러 컴포넌트

```
01 import { Component } from '@angular/core';
02
03 @Component({
04   selector: 'app-root',
05   template: '<router-outlet></router-outlet>'
06 })
07 export class AppComponent { }
```

예제 10.38은 page1 컴포넌트를 보여준다. 이 컴포넌트에서는 @angular/router에서 Router
와 ActivatedRoute를 임포트해서 이 컴포넌트가 라우터에 접근해서 RouterState의 매개변
수를 읽거나 RouterState에 매개변수를 할당할 수 있게 한다. 10~13번째 줄에서는 생성자를
정의한다. 이때 11번째 줄과 12번째 줄에서 ActivatedRoute와 Router를 각각 비공개 변수인
route와 router로 구현한다. 14~22번째 줄에서는 2페이지로 이동하고, 이때 매개변수를 전
달하는 gotoPage2() 함수를 정의한다. 16번째 줄에서는 this.text를 매개변수로 전달하면서
page2로 이동한다. 18번째 줄과 19번째 줄에서는 브라우저의 URL을 변경하지 않은 채로 애플
리케이션에서 뷰를 변경할 수 있게 한다.

▶ 예제 10.38 page1.component.ts: 매개변수를 이용해 2페이지로 이동하는 앵귤러 컴포넌트

```
01 import { Component } from '@angular/core';
02 import { Router, ActivatedRoute } from '@angular/router';
03
04 @Component({
05   selector: 'app-page1',
06   templateUrl: './page1.component.html'
07 })
08 export class Page1Component {
09   text='';
10   constructor(
11     private route: ActivatedRoute,
12     private router: Router,
13   ){ }
14   gotoPage2(){
15     this.router.navigate(
16       ['/page2', this.text],
17       {
18         relativeTo: this.route,
19         skipLocationChange: true
20       }
21     );
22   }
23 }
```

예제 10.39는 page1 템플릿 파일을 보여준다. 4번째 줄에서는 2페이지로 라우팅될 때 매
개변수로 전달되는 text 변수에 바인드된 텍스트 입력상자를 표시한다. 5번째 줄에서는

gotoPage2 함수를 호출해서 뷰를 변경하는 버튼을 생성한다. 이 버튼은 text 변수가 빈 값이 아닐 때만 사용할 수 있다.

▶ **예제 10.39** page1.component.html: 라우터 매개변수에 값을 제공하는 입력 필드가 포함된 HTML 템플릿

```
01 <span>
02   Enter Text to Pass As Params:
03 </span>
04 <input type=text [(ngModel)]="text" />
05 <button [disabled]="!text" (click)="gotoPage2()">Page 2</button>
```

예제 10.40은 page2 컴포넌트를 보여준다. 이 컴포넌트에서는 @angular/router에서 Router 와 ActivatedRoute를 임포트해서 라우트가 로드될 때 이 컴포넌트에서 라우터와 매개변수에 접근할 수 있게 한다. 15번째 줄과 16번째 줄에서는 옵저버블 타입의 params를 구독하고 text 변수에 값을 할당해서 뷰에 표시되게 한다.

▶ **예제 10.40** page2.component.ts: 뷰에 라우터 매개변수를 표시하는 앵귤러 컴포넌트

```
01 import { Component, OnInit } from '@angular/core';
02 import { Router, ActivatedRoute } from '@angular/router';
03
04 @Component({
05   selector: 'app-page2',
06   templateUrl: './page2.component.html'
07 })
08 export class Page2Component implements OnInit {
09   text;
10   constructor(
11     private route: ActivatedRoute,
12     private router: Router
13   ) { }
14   ngOnInit() {
15     this.route.params
16       .subscribe(text => this.text = text.params);
17   }
18
19   goBack(){
20     this.router.navigate(['/page1']);
21   }
22 }
```

예제 10.41은 page2 템플릿 파일을 보여준다. 2번째 줄에서는 params 라우트에서 값을 가져오는 text 변수를 보여준다. 3번째 줄에서는 1페이지로 되돌아가기 위해 클릭할 수 있는 버튼을 만든다.

▶ 예제 10.41 page2.component.html: 라우터로부터 전달된 매개변수

```
01 <h3>Params From Page 1</h3>
02 <p>{{text}}</p>
03 <button (click)="goBack()" >back</button>
```

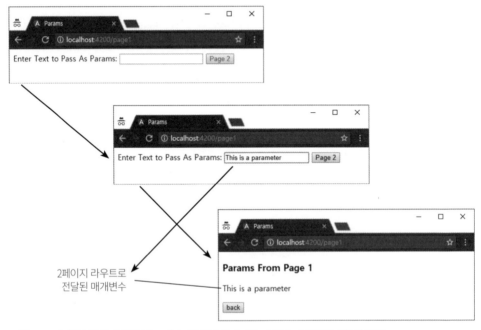

그림 10.6 매개변수를 통해 특정 뷰로 데이터를 전송할 수 있는 라우트가 포함된 라우터 구현

정리

앵귤러 서비스는 다른 앵귤러 컴포넌트에 주입할 수 있는 기능을 포함하는 객체다. 앵귤러의 내장 서비스는 클라이언트 코드에 필요한 갖가지 기능을 제공한다. 예를 들어, http 서비스를 이용하면 웹 서버 통신을 앵귤러 애플리케이션에 쉽게 통합할 수 있고, router 서비스를 이용하면 뷰 간의 이동을 관리할 수 있다.

11

사용자 정의 앵귤러 서비스 만들기

앵귤러는 내장 서비스에서 많은 기능을 제공하지만 사용자 정의 서비스를 구현해서 특정 기능을 제공하는 것도 가능하다. 애플리케이션에 작업 기반의 기능을 제공해야 할 경우 사용자 정의 서비스를 구현해야 한다.

사용자 정의 서비스를 구현할 때는 각 서비스를 하나 이상의 관련 작업을 수행하는 재사용 가능한 코드 조각이라고 생각할 필요가 있다. 그리고 나면 그러한 서비스를 다양한 앵귤러 애플리케이션에서 손쉽게 활용할 수 있는 라이브러리로 설계하고 그룹화할 수 있다.

이번 장에서는 앵귤러 사용자 정의 서비스를 소개하겠다. 즉, 사용자 정의 서비스의 몇 가지 예를 통해 직접 사용자 정의 서비스를 설계하고 구현하는 방법을 명확하게 이해할 수 있을 것이다.

앵귤러 애플리케이션에 사용자 정의 서비스 통합하기

애플리케이션에 앵귤러 서비스를 구현하기 시작하면 어떤 서비스는 매우 간단하고 어떤 서비스는 매우 복잡하다는 것을 알게 될 것이다. 일반적으로 서비스의 복잡성은 기반 데이터와 서비스에서 제공하는 기능의 복잡성에 좌우된다. 이번 절의 목적은 다양한 유형의 기본적인 사용자 정의 서비스 예제를 통해 사용자 정의 서비스를 구현하고 사용하는 방법을 보여주는 데 있다. 표 11.1은 서비스의 사용 예를 보여준다.

표 11.1 사용자 정의 서비스의 사용 사례

서비스	설명
모의 서비스	백엔드를 사용할 수 없는 동안 HTTP 기반 서비스를 테스트하는 데 사용할 수 있는 더미 데이터를 제공한다.
상수 데이터	파이(pi)의 수학적 값과 같이 상수로 유지돼야 하는 데이터 변수를 반환한다.
가변 데이터	변경 가능한 데이터 변수를 반환하고 변경된 값을 다른 서비스에서 사용할 수 있도록 서비스에 저장한다.
백엔드에 대한 HTTP 연결	백엔드 데이터에 대한 인터페이스를 생성하기 위해 사용자 정의 서비스 내에서 사용해야 한다.
데이터 변환	변환할 형식의 데이터를 받아 변환을 수행하고 변환된 값을 반환한다(예: 숫자를 받아 제곱수를 반환하는 서비스).
공유 서비스	한 번에 여러 컴포넌트에서 사용될 수 있는 서비스 유형으로서 데이터가 변경될 때마다 모든 컴포넌트에 대해 자동으로 업데이트된다.

애플리케이션에 앵귤러 서비스 추가하기

이번 절에서는 애플리케이션에서 사용자 정의 서비스를 만들고 구현하는 방법을 설명하겠다. 서비스를 만들 때는 애플리케이션 전체에서 사용할 수 있도록 주입 가능하도록 만들어야 한다. 다음 예제는 주입 가능한 서비스를 생성하는 구문을 보여준다.

```
import { Injectable } from '@angular/core';
@Injectable()
export class CustomService { }
```

주입 가능한 서비스를 만들고 나면 이 서비스에 접근해야 하는 모든 앵귤러 컴포넌트에서 임포트하고 제공할 수 있어야 한다. 다음은 사용자 정의 서비스를 임포트하는 구문을 비롯해 컴포넌트 데코레이터 메타데이터의 providers 배열을 통해 사용자 정의 서비스를 주입하는 구문이다.

```
import { CustomService } from './path_to_service';

@Component({
  selector: 'app-root',
  template: '',
  providers: [ CustomService ]
})
```

사용자 정의 서비스를 사용할 수 있게 만드는 마지막 단계는 컴포넌트 전체에서 사용할 수 있도록 해당 서비스의 인스턴스를 만드는 것이다. 다음 예제처럼 컴포넌트의 생성자에서 이를 수행하면 된다.

```
constructor(
  private myService: CustomService
){}
```

이러한 단계가 완료되면 myService 인스턴스를 통해 컴포넌트에서 사용자 정의 서비스와 해당 서비스의 메서드를 사용할 수 있다.

다음 절에서는 사용자 정의 서비스를 구현하는 다양한 방법을 보여주는 예제를 살펴보겠다.

상수 데이터 서비스를 사용하는 간단한 애플리케이션 구현하기[34]

이번 예제에서는 상수 데이터 서비스를 제작하는 방법을 보여준다. 이 예제의 목적은 상수 데이터 변수를 반환하는 간단한 서비스를 만드는 것이다.

예제 11.1은 파이 값을 반환하는 pi 서비스를 보여준다. 1번째 줄과 3번째 줄에서는 서비스를 외부에서 사용할 수 있도록 Injectable을 임포트하고 구현한다. 4번째 줄에서는 서비스의 정의가 담긴 PiService 클래스를 생성한다. 5~7번째 줄에서는 파이의 값을 반환하는 getPi 메서드를 정의한다.

▶ 예제 11.1 pi.service.ts : 파이의 값을 반환하는 서비스 만들기

```
01 import { Injectable } from '@angular/core';
02
03 @Injectable()
04 export class PiService {
05   getPi(){
06     return Math.PI;
07   }
08 }
```

---

34 (옮긴이) 관련 소스코드를 예제 파일의 ch11/basicCustomService에서 찾을 수 있다.

예제 11.2에서는 PiService를 임포트하고 구현하는 앵귤러 컴포넌트를 구현한다. 2번째 줄과 7번째 줄에서는 컴포넌트에서 사용할 수 있도록 PiService를 임포트하고 제공한다. 12번째 줄에서는 PiService 변수로 인스턴스화되는 PiService를 보여준다. 14~16번째 줄에서는 ngOnInit 메서드를 보여주는데, 이 메서드에서는 PiService의 getPi 메서드를 호출하고 반환된 값을 pi 변수에 할당한다.

▶ 예제 11.2 app.component.ts: PiService로부터 파이의 값을 가져오는 앵귤러 컴포넌트

```
01 import { Component, OnInit } from '@angular/core';
02 import { PiService } from './pi.service';
03
04 @Component({
05   selector: 'app-root',
06   templateUrl: './app.component.html',
07   providers: [ PiService ]
08 })
09 export class AppComponent implements OnInit {
10   pi: number;
11   constructor(
12     private PiService: PiService
13   ){}
14   ngOnInit(){
15     this.pi = this.PiService.getPi();
16   }
17 }
```

예제 11.3은 파이 값을 소수점 이하 5자리까지 표시하는 앵귤러 템플릿을 보여준다.

▶ 예제 11.3 app.component.html: 파이 값을 소수점 이하 5자리까지 표시하는 앵귤러 템플릿

```
01 <h1>
02   Welcome. this app returns the value of pi
03 </h1>
04 <p> the value of pi is: {{pi | number:'1.1-5'}}</p>
```

그림 11.1은 웹 브라우저에 이 예제의 출력 결과를 보여준다.

그림 11.1 상수 서비스에서 구한 파이 값을 표시하는 앵귤러 컴포넌트를 보여주는 HTML 페이지

데이터 변환 서비스 구현하기[35]

이번 예제에서는 데이터 변수를 받아 도형의 넓이를 계산하고 그 결과를 반환하는 간단한 데이터 변환 서비스를 제작하는 방법을 보여준다.

예제 11.4는 AreaCalcService라는 사용자 정의 서비스를 보여준다. 이 서비스에는 다양한 도형의 이름을 딴 갖가지 메서드가 포함돼 있다. 이러한 메서드 각각은 메서드 이름에 해당하는 도형의 넓이를 계산하는 데 사용되는 변수를 받는다. 1번째 줄과 3번째 줄에서는 서비스를 외부에서 사용할 수 있도록 Injectable을 임포트하고 구현한다.

▶ **예제 11.4** area-calc.service.ts: 도형의 넓이를 계산하는 메서드가 포함된 앵귤러 서비스

```
01 import { Injectable } from '@angular/core';
02
03 @Injectable()
04 export class AreaCalcService {
05   circle(radius:number): number {
06     return Math.PI * radius * radius;
07   }
08   square(base:number): number {
09     return base * base;
10   }
11   rectangle(base:number, height): number {
12     return base * height;
13   }
14   triangle(base:number, height): number {
15     return (base*height)/2;
16   }
```

---

35 (옮긴이) 관련 소스코드를 예제 파일의 ch11/areaCalc에서 찾을 수 있다.

```
17    trapezoid(base1:number,
18            base2:number,
19            height:number): number {
20    return ((base1+base2)/2)*height;
21    }
22 }
```

예제 11.5는 사용자에게서 받은 값을 토대로 AreaCalcService로부터 도형의 넓이를 구하는 앵귤러 컴포넌트를 보여준다. 2번째 줄과 8번째 줄에서는 AreaCalcService를 임포트하고 컴포넌트에서 사용할 수 있도록 providers에 추가한다. 21번째 줄에서는 컴포넌트 메서드에서 사용할 수 있도록 AreaCalcService의 인스턴스를 areaCalc로 생성한다.

23~25번째 줄에서는 doCircle 메서드를 정의한다. 여기서는 areaCalc의 circle 메서드가 원의 넓이를 구하도록 구현한다.

26~28번째 줄에서는 doSquare 메서드를 정의한다. 여기서는 areaCalc의 square 메서드가 정사각형의 넓이를 구하도록 구현한다.

29~31번째 줄에서는 doRectangle 메서드를 정의한다. 여기서는 areaCalc의 rectangle 메서드가 직사각형의 넓이를 구하도록 구현한다.

32~34번째 줄에서는 doTriangle 메서드를 정의한다. 여기서는 areaCalc 의 triangle 메서드가 삼각형의 넓이를 구하도록 구현한다.

35~39번째 줄에서는 doTrapezoid 메서드를 정의한다. 여기서는 areaCalc의 trapezoid 메서드가 사다리꼴의 넓이를 구하도록 구현한다.

▶ 예제 11.5 app.component.ts: 사용자에게서 받은 값을 토대로 AreaCalcService로부터 도형의 넓이를 구하는 앵귤러 컴포넌트

```
01 import { Component } from '@angular/core';
02 import { AreaCalcService } from './area-calc.service';
03
04 @Component({
05    selector: 'app-root',
06    templateUrl: './app.component.html',
07    styleUrls: ['./app.component.css'],
08    providers: [ AreaCalcService ]
09 })
```

```
10 export class AppComponent {
11    circleRadius: number = 0;
12    squareBase: number = 0;
13    rectangleBase: number = 0;
14    rectangleHeight: number = 0;
15    triangleBase: number = 0;
16    triangleHeight: number = 0;
17    trapezoidBase1: number = 0;
18    trapezoidBase2: number = 0;
19    trapezoidHeight: number = 0;
20
21    constructor(private areaCalc: AreaCalcService){ }
22
23    doCircle(){
24      return this.areaCalc.circle(this.circleRadius);
25    }
26    doSquare(){
27      return this.areaCalc.square(this.squareBase);
28    }
29    doRectangle(){
30      return this.areaCalc.rectangle(this.rectangleBase, this.rectangleHeight);
31    }
32    doTriangle(){
33      return this.areaCalc.triangle(this.triangleBase, this.triangleHeight);
34    }
35    doTrapezoid(){
36      return this.areaCalc.trapezoid(this.trapezoidBase1,
37                                     this.trapezoidBase2,
38                                     this.trapezoidHeight);
39    }
40 }
```

예제 11.6은 다양한 도형의 넓이를 계산하는 데 필요한 데이터를 입력하는 폼 필드를 만드는 앵귤러 템플릿 파일을 보여준다. 데이터가 입력되면 넓이가 즉시 계산되어 사용자에게 표시된다.

▶ **예제 11.6** app.component.html: 사용자 인터페이스에 도형의 넓이를 받을 폼 필드를 제공하는 앵귤러 템플릿

```
01 <label>Circle Radius:</label>
02 <input type="text" [(ngModel)]="circleRadius"/>
03 <span>Area: {{this.doCircle()}}</span>
```

```
04 <hr>
05
06 <label>Square Side:</label>
07 <input type="text" [(ngModel)]="squareBase" />
08 <span>Area: {{this.doSquare()}}</span>
09 <hr>
10
11 <label>Rectangle Base:</label>
12 <input type="text" [(ngModel)]="rectangleBase" /> <br>
13 <label>Rectangle Height:</label>
14 <input type="text" [(ngModel)]="rectangleHeight" />
15 <span>Area: {{this.doRectangle()}}</span>
16 <hr>
17
18 <label>Triangle Base:</label>
19 <input type="text"
20    [(ngModel)]="triangleBase" /> <br>
21 <label>Triangle Height:</label>
22 <input type="text" [(ngModel)]="triangleHeight" />
23 <span>Area: {{this.doTriangle()}}</span>
24 <hr>
25
26 <label>Trapezoid Base1:</label>
27 <input type="text"  [(ngModel)]="trapezoidBase1" /> <br>
28 <label>Trapezoid Base2:</label>
29 <input type="text"  [(ngModel)]="trapezoidBase2" /><br>
30 <label>Trapezoid Height:</label>
31 <input type="text"  [(ngModel)]="trapezoidHeight" />
32 <span>Area: {{this.doTrapezoid()}}</span>
33
```

예제 11.7은 각 도형별 폼을 제공하는 식으로 애플리케이션에 스타일을 적용하는 CSS 파일을 보여준다.

▶ **예제 11.7** app.component.html: 애플리케이션에 스타일을 적용하는 CSS 파일

```
01 label{
02     color: blue;
03     font: bold 20px times new roman;
04     width:200px;
05     display: inline-block;
```

```
06      text-align: right;
07 }
08 input{
09      width:40px;
10      text-align:right;
11 }
12 span{
13      font: bold 20px courier new;
14      padding-left: 10px;
15 }
```

그림 11.2는 결과적으로 만들어지는 앵귤러 애플리케이션의 웹 페이지를 보여준다. 컴포넌트에 값이 추가되면 사용자 정의 서비스에 의해 넓이가 자동으로 계산된다.

값이 제공될 때 넓이가 자동으로 계산된다.

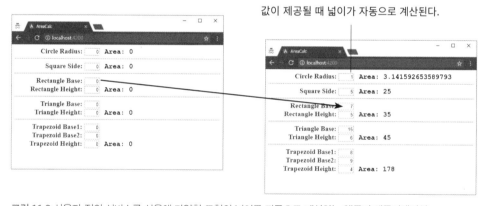

그림 11.2 사용자 정의 서비스를 사용해 다양한 도형의 넓이를 자동으로 계산하는 앵귤러 애플리케이션

가변 데이터 서비스 구현하기[36]

이번 예제에서는 임의 시간에 무작위로 목록에서 이미지를 선택해서 페이지에 표시될 컴포넌트로 이미지를 보내는 이미지 교환기를 만드는 가변 데이터 서비스를 제작하는 방법을 보여준다.

---

36 (옮긴이) 관련 소스코드를 예제 파일의 ch11/imgObserver에서 찾을 수 있다.

예제 11.8은 목록에서 이미지 URL을 선택하고 해당 URL을 임의 간격으로 내보내는 Random ImageService라는 사용자 정의 서비스를 보여준다. 2번째 줄에서는 rxjs/observable에서 Observable을 임포트하는 것을 보여준다. 33~37번째 줄에서는 imageChange 옵저버블을 초기화하고 changeLoop 메서드를 호출하면서 observer 객체를 전달하는 생성자를 보여준다. 38~51번째 줄에서는 옵저버블 타입의 응답 객체인 observer를 받는 changeLoop 메서드를 정의한다. 이때 이 메서드가 끝나기 전에 임의의 시간에 setTimeout 함수를 호출한다. 그런 다음 무작위 이미지가 이미지 배열에서 선택된다. 이미지 URL, 제목, 너비가 내보내지고 changeLoop가 재귀적으로 자기 자신을 호출한다. 52~54번째 줄에서는 getRandom 함수를 정의하는데, 이 함수에서는 min과 max라는 두 매개변수를 받아 두 값 사이의 임의 숫자를 구한다.

▶ 예제 11.8 random-image.service.ts: 무작위 이미지가 담긴 옵저버블을 반환하는 앵귤러 서비스

```
01 import { Injectable, OnInit } from '@angular/core';
02 import { Observable } from 'rxjs/observable';
03
04 @Injectable()
05 export class RandomImageService {
06     imageChange: Observable<any>;
07     private images = [
08         {
09             url: '../../assets/images/angelsLanding.jpg',
10             title: "Angels Landing"
11         },
12         {
13             url: '../../assets/images/lake.jpg',
14             title: "Lake"
15         },
16         {
17             url: '../../assets/images/cliff.jpg',
18             title: "Cliff"
19         },
20         {
21             url: '../../assets/images/jump.jpg',
22             title: "Jump"
23         },
24         {
25             url: '../../assets/images/flower.jpg',
26             title: "Flower"
```

```
27      },
28      {
29        url: '../../assets/images/sunset.jpg',
30        title: "Sunset"
31      },
32    ];
33    constructor() {
34      this.imageChange = new Observable(observer => {
35          this.changeLoop(observer);
36        });
37    }
38    changeLoop(observer){
39      setTimeout(() => {
40        let imgIndex = this.getRandom(0,6);
41        let image = this.images[imgIndex];
42        observer.next(
43          {
44            url: image.url,
45            title: image.title,
46            width: this.getRandom(200,400)
47          }
48        );
49        this.changeLoop(observer);
50      }, this.getRandom(100,1000));
51    }
52    getRandom(min, max) {
53      return Math.floor(Math.random() * (max - min)) + min;
54    }
55    getRandomImage(): Observable<any> {
56      return this.imageChange;
57    }
58 }
```

예제 11.9는 RandomImageService에서 무작위 이미지를 가져와 메인 뷰에 표시하고 image History 배열에 추가하는 앵귤러 컴포넌트를 보여준다. 4번째 줄과 10번째 줄에서는 Random ImageService를 임포트하고 컴포넌트에 제공한다. 18번째 줄에서는 RandomImageService를 randomImages 변수로 인스턴스화한다. 20~23번째 줄에서는 RandomImageService에서 데이터를 받을 수 있을 때까지 자리를 지킬 초기 기본 imageInfo 객체를 생성한다. 27~34번째 줄에서는 ngOnInit 메서드를 보여준다. 이 메서드는 randomImages 서비스 인스턴스의

getRandomImage 메서드를 호출하고 그 결과를 randomImage 옵저버블에 할당한다. 그러고 나면 imageInfo에는 해당 옵저버블에서 내보낸 값이 할당된다. 또한 imageHistory에도 옵저 버블에서 내보낸 값을 추가한다.

▶ 예제 11.9 app.component.ts: RandomImageService에서 무작위 이미지를 가져와 해당 이미지를 표시하는 앵 귤러 컴포넌트

```
01 import { Component, OnInit } from '@angular/core';
02 import { Observable } from 'rxjs/observable';
03 import { Subscription } from 'rxjs/Subscription';
04 import { RandomImageService } from './random-image.service';
05
06 @Component({
07   selector: 'app-root',
08   templateUrl: './app.component.html',
09   styleUrls: ['./app.component.css'],
10   providers: [ RandomImageService ]
11 })
12 export class AppComponent {
13   title = 'app';
14   randomImage: Observable<any>;
15   imageInfo: any;
16   imageHistory: any[];
17   constructor(
18     private randomImages: RandomImageService
19   ){
20     this.imageInfo = {
21       url: '',
22       title: 'Loading . . .',
23       width: 400
24     };
25     this.imageHistory = [];
26   }
27   ngOnInit(){
28     this.randomImage = this.randomImages.getRandomImage();
29     this.randomImage.subscribe(
30       imageData => {
31         this.imageInfo = imageData;
32         this.imageHistory.push(imageData);
33       });
34   }
35 }
```

예제 11.10은 메인 뷰에 무작위 이미지를 표시하는 앵귤러 템플릿을 보여준다. ngFor는 이미지 히스토리 배열 내의 각 이미지를 표시하는 데 사용된다.

▶ 예제 11.10 app.component.html: RandomImageService에서 내보낸 이미지를 표시하는 앵귤러 템플릿

```
01 <div>
02   <img src="{{imageInfo.url}}"
03        width="{{imageInfo.width}}">
04   <p>{{imageInfo.title}}</p>
05 </div>
06 <hr>
07 <h3>Random Image History</h3>
08 <span *ngFor = "let image of imageHistory">
09   <img src="{{image.url}}" height="50px">
10 </span>
```

예제 11.11은 메인 이미지와 텍스트에 대한 테두리로 애플리케이션에 스타일을 적용하는 CSS 파일을 보여준다.

▶ 예제 11.11 app.component.cs: 메인 뷰를 그림과 분리하는 식으로 애플리케이션에 스타일을 적용하는 CSS 파일

```
01 div {
02   position: inline-block;
03   width: fit-content;
04   border: 3px solid black;
05 }
06 p {
07   font: bold 25px 'Times New Roman';
08   padding: 5px;
09   text-align: center;
10 }
```

그림 11.3은 예제를 실행한 모습을 보여준다. 메인 이미지 URL과 크기는 서비스에 의해 무작위로 변경된다. 무작위로 이미지가 표시된 내역을 페이지 하단에서 볼 수 있다.

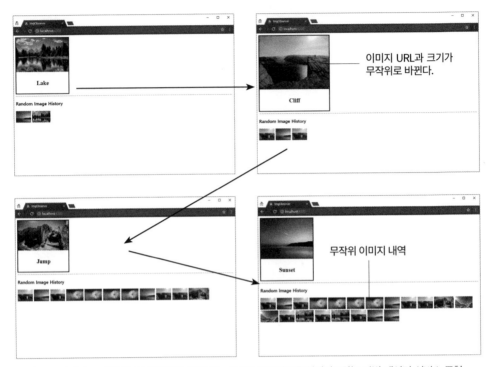

그림 11.3 이미지 크기와 URL을 무작위로 변경하는 식으로 컴포넌트를 업데이트하는 가변 데이터 서비스 구현

프로미스를 반환하는 서비스 구현하기[37]

이번 예제에서는 프로미스를 생성하고 반환하는 서비스를 제작하는 방법을 보여준다.

예제 11.12는 PromiseService라는 사용자 정의 서비스를 보여준다. 이 서비스에서는 특정 시간(초) 후에 사용자에게 경고창을 띄우는 비동기 타이머를 만든다. 6~13번째 줄에서는 seconds라는 매개변수를 받아 프로미스를 반환하는 createTimedAlert 메서드를 정의한다. 8~10번째 줄에서는 프로미스가 완료된 후에만 실행되는 resolve 함수를 만든다. 이 함수에서는 경고창을 띄우기까지 데 걸린 시간을 사용자에게 알려주는 경고창을 만든다.

▶ **예제 11.12** promise.service.ts: 타이머를 기반으로 경고창을 띄우는 앵귤러 서비스

```
01 import { Injectable } from '@angular/core';
02
03 @Injectable()
```

---

37 (옮긴이) 관련 소스코드를 예제 파일의 ch11/promise에서 찾을 수 있다.

```
04 export class PromiseService {
05
06   createTimedAlert(seconds: number): Promise<any>{
07     return new Promise((resolve, reject) =>{
08       resolve(setTimeout(function(){
09           alert('this alert took ' + seconds + ' seconds to load');
10         }, (seconds * 1000))
11       );
12     })
13   }
```

예제 11.13에서는 PromiseService를 사용해 나중에 처리할 수 있는 비동기 요청을 생성하는 앵귤러 컴포넌트를 보여준다. 2번째 줄과 7번째 줄에서는 PromiseService를 임포트하고 컴포넌트에서 사용할 수 있게 proviers 배열에 추가하는 모습을 보여준다. 12번째 줄에서는 PromiseService의 인스턴스를 alert라는 이름으로 생성한다. 15~17번째 줄에서는 createAlert 메서드를 정의한다. 이 메서드에서는 alert의 createtimedAlert 메서드를 호출하고 이때 seconds 변수를 전달한다.

▶ **예제 11.13** app.component.ts: PromiseService 서비스를 사용하는 앵귤러 컴포넌트

```
01 import { Component } from '@angular/core';
02 import { PromiseService } from './promise.service';
03
04 @Component({
05   selector: 'app-root',
06   templateUrl: './app.component.html',
07   providers: [PromiseService]
08 })
09 export class AppComponent {
10   seconds: number = 0;
11   constructor(
12     private alert: PromiseService
13   ){}
14
15   createAlert(){
16     this.alert.crateTimedAlert(this.seconds);
17   }
18 }
```

예제 11.14는 사용자가 시간을 초 단위로 입력할 수 있는 입력란이 포함된 앵귤러 템플릿을 보여준다. 템플릿에는 createAlert 함수를 호출하는 버튼이 있다.

▶ **예제 11.14** app.component.htm: 비동기 경고 요청을 시작하는 버튼을 표시하는 템플릿

```
01 <h3>set the time in seconds to create an alert</h3>
02 <input [(ngModel)]="seconds">
03 <button (click)="createAlert()">go</button>
```

그림 11.4는 시간이 경과한 후 서비스에서 표시하는 비동기 경고창을 보여준다.

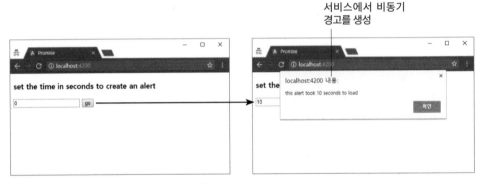

그림 11.4 앵귤러 서비스를 이용한 비동기 경고창 제공

공유 서비스 구현하기[38]

이번 예제에서는 두 컴포넌트 간에 공유되는 서비스를 제작하는 방법을 보여준다. 이 서비스의 인스턴스는 하나만 있을 것이다. 즉, 한 컴포넌트에서 데이터를 변경하면 다른 컴포넌트에서도 해당 데이터의 변화를 볼 수 있다는 의미다.

예제 11.15에서는 SharedService라는 사용자 정의 서비스를 보여주며, 이 서비스에서는 옵저버블 타입의 캐릭터 배열을 생성한다. 이 옵저버블은 편집 가능하므로 캐릭터의 체력을 줄이는 데 유용하다. 값이 변경되면 옵저버블에서는 해당 변경 사항을 이 옵저버블을 구독하는 모든 컴포넌트에 내보낸다.

---

38 (옮긴이) 관련 소스코드를 예제 파일의 ch11/sharedService에서 찾을 수 있다.

15~52번째 줄에서는 name, race, alignment, health 값을 포함하는 characters 배열을 정의한다. 55~60번째 줄에서는 옵저버블 타입의 charObservable을 생성하는 constructor 메서드를 정의한다. 옵저버 객체는 observer 서비스 변수에 저장된다. 그런 다음 옵저버에서는 characters 배열을 내보낸다. 62~64번째 줄에서는 charObservable을 반환하는 getCharacters 메서드를 정의한다.

66~76번째 줄에서는 hitCharacter 메서드를 정의한다. 이 메서드는 character와 damage라는 두 개의 매개변수를 받는다. 이 메서드에서는 characters 배열 내에서 character의 인덱스를 찾는다. 캐릭터가 배열에 있으면 이 메서드에서는 해당 캐릭터의 health에서 damage만큼 뺀다. 그런 다음 health가 0보다 작거나 같을 경우 배열에서 해당 캐릭터를 제거한다. 마지막으로 이 메서드에서는 업데이트된 characters 배열을 내보낸다.

▶ 예제 11.15 shared.service.ts: 컴포넌트 간에 공유되는 앵귤러 서비스

```
01 import { Injectable } from '@angular/core';
02
03 import { Observable }    from 'rxjs/Observable';
04 import 'rxjs';
05
06 export class character {
07   name: string;
08   race: string;
09   alignment: string;
10   health: number;
11 }
12
13 @Injectable()
14 export class SharedService{
15 characters: character[] = [
16     {
17       name: 'Aragon',
18       race: 'human',
19       alignment: 'good',
20       health: 100
21     },
22     {
23       name: 'Legolas',
24       race: 'elf',
25       alignment: 'good',
```

```
26            health: 100
27        },
28        {
29          name: 'Gimli',
30          race: 'Dwarf',
31          alignment: 'good',
32          health: 100
33        },
34        {
35          name: 'Witch King',
36          race: 'Wraith',
37          alignment: 'bad',
38          health: 100
39        },
40        {
41          name: 'Lurtz',
42          race: 'Uruk-hai',
43          alignment: 'bad',
44          health: 100
45        },
46        {
47          name: 'Sarumon',
48          race: 'Wizard',
49          alignment: 'bad',
50          health: 100
51        },
52      ];
53    charObservable: Observable<character[]>;
54    observer;
55    constructor(){
56      this.charObservable = new Observable(observer => {
57        this.observer = observer;
58        this.observer.next(this.characters);
59      })
60    }
61
62    getCharacters(): Observable<character[]>{
63      return this.charObservable;
64    }
65
66    hitCharacter(character, damage){
67
```

```
68      var index = this.characters.indexOf(character, 0);
69        if(index > -1){
70          this.characters[index].health -= damage;
71          if(this.characters[index].health <= 0){
72            this.characters.splice(index, 1);
73          }
74        }
75        this.observer.next(this.characters);
76      }
77 }
```

예제 11.16은 자식 컴포넌트로 전달될 수 있는 SharedService의 단일 인스턴스를 생성하는 앵귤러 컴포넌트를 보여준다. 각 자식 컴포넌트에서는 동일한 서비스 인스턴스를 받기 때문에 SharedService를 주입하고 SharedService의 옵저버블을 구독하는 모든 자식 컴포넌트는 데이터가 변경될 때마다 업데이트된다. 2번째 줄과 7번째 줄에서는 컴포넌트 내에서 사용하기 위해 SharedService를 임포트해서 제공한다. 11번째 줄에서는 SharedService를 HTML 내에서 사용하기 위해 shared라는 변수에 할당한다.

▶ **예제 11.16** app.component.ts: SharedService를 배포하는 앵귤러 컴포넌트

```
01 import { Component } from '@angular/core';
02 import { SharedService } from './shared.service';
03
04 @Component({
05   selector: 'app-root',
06   templateUrl: './app.component.html',
07   providers: [ SharedService ]
08 })
09 export class AppComponent {
10   constructor(
11     public shared: SharedService
12   ){}
13 }
```

예제 11.17은 선인과 악인으로 구성된 두 진영을 표시하는 앵귤러 템플릿을 보여준다. 2번째 줄에서는 Good Guys 컴포넌트를 보여주는데, 이 컴포넌트에서는 shared 입력을 받아 app.component에서 good-guys.component로 shared 옵저버블을 전달한다. 5번째 줄에서는

Bad Guys 컴포넌트를 보여주는데, 이 컴포넌트에서도 마찬가지로 shared 입력을 받아 app.component에서 badguys.component로 shared 옵저버블을 전달한다.

▶ 예제 11.17 app.component.html: 두 컴포넌트로 SharedService를 배포하는 앵귤러 템플릿 파일

```
01 <h2>Good Guys</h2>
02 <app-good-guys [shared]="shared"></app-good-guys>
03   <hr>
04 <h2>Bad Guys</h2>
05 <app-badguys [shared]="shared"></app-badguys>
```

예제 11.18은 good-guys.component라는 앵귤러 컴포넌트를 보여준다. 9번째 줄에서는 app.component에서 SharedService 옵저버블을 가져오는 shared 입력을 보여준다. 14~16번째 줄에서는 shared 서비스의 getCharacters를 구독하는 것을 보여준다. 이렇게 하면 characters 변수가 이 메서드에서 반환한 옵저버블에서 내보낸 값으로 설정된다. 18~20번째 줄에서는 hitCharacter 메서드를 정의하며, 이 메서드는 character와 damage라는 두 개의 매개변수를 받는다. 이 메서드에서는 공유 서비스의 hitCharacter 메서드를 호출하고 character와 damage를 매개변수로 전달한다.

▶ 예제 11.18 good-guys.component.ts: 공유 옵저버블을 감시하고 표시하는 앵귤러 컴포넌트

```
01 import { Component, OnInit, Input } from '@angular/core';
02
03 @Component({
04   selector: 'app-good-guys',
05   templateUrl: './good-guys.component.html',
06   styleUrls: ['./good-guys.component.css']
07 })
08 export class GoodGuysComponent implements OnInit {
09   @Input('shared') shared;
10   characters: Array<any>;
11   constructor(){}
12
13   ngOnInit(){
14     this.shared.getCharacters().subscribe(
15       characters => this.characters = characters
16     );
17   }
```

```
18   hitCharacter(character, damage){
19     this.shared.hitCharacter(character, damage)
20   }
21 }
```

예제 11.19는 캐릭터 목록을 표시하는 앵귤러 템플릿을 보여준다. 3~5번째 줄에서는 캐릭터의 이름, 종족, 체력을 표시한다. 6~8번째 줄에서는 진영이 'bad'인 캐릭터에 character 객체와 25를 매개변수로 받는 hitCharacter 메서드를 호출하는 버튼이 있는 것을 보여준다.

▶ **예제 11.19** good-guys.component.html: 캐릭터 목록을 표시하는 앵귤러 템플릿

```
01 <div *ngFor="let character of characters">
02   <div class="character">
03       <b>Name:</b> {{character.name}}<br>
04       <b>Race:</b> {{character.race}}<br>
05       <b>Health:</b> {{character.health}}
06     <span *ngIf="character.alignment == 'bad'">
07       <button (click)="hitCharacter(character, 25)">hit</button>
08     </span>
09   </div>
10 </div>
```

예제 11.20에서는 각 캐릭터에 테두리를 더해서 각각을 구분하는 것을 돕는 CSS 파일을 보여준다.

▶ **예제 11.20** good-guys.component.css: 각 캐릭터를 카드 형태로 시각적으로 구분하는 CSS 파일

```
01 b{
02   font-weight: bold;
03 }
04 div {
05   display: inline-block;
06   margin: 10px;
07   padding: 5px;
08 }
09 .character {
10   border: 2px solid steelblue;
11 }
```

예제 11.21은 badguys.component 앵귤러 컴포넌트를 보여준다. 10번째 줄에서는 app.
component에서 SharedService 옵저버블을 가져오는 shared 입력을 보여준다. 15~17
번째 줄에서는 shared 서비스의 getCharacters를 구독하는 것을 보여준다. 이렇게 하면
characters 변수가 이 메서드에서 반환한 옵저버블에서 내보낸 값으로 설정된다. 19~21번
째 줄에서는 hitCharacter 메서드를 정의하는데, 이 메서드는 character와 damage라는 두
개의 매개변수를 받는다. 이 메서드에서는 공유 서비스의 hitCharacter 메서드를 호출하고
character와 damage를 매개변수로 전달한다.

▶ 예제 11.21 badguys.component.ts: 공유 옵저버블을 감시하고 표시하는 앵귤러 컴포넌트

```
01 import { Component, OnInit, Input } from '@angular/core';
02
03 @Component({
04   selector: 'app-badguys',
05   templateUrl: './badguys.component.html',
06   styleUrls: ['./badguys.component.css']
07 })
08
09 export class BadguysComponent implements OnInit {
10   @Input('shared') shared;
11   characters: Array<any>;
12   constructor(){ }
13
14   ngOnInit(){
15     this.shared.getCharacters().subscribe(
16       characters => this.characters = characters
17     );
18   }
19   hitCharacter(character, damage){
20     this.shared.hitCharacter(character, damage);
21   }
22 }
```

예제 11.22는 캐릭터 목록을 표시하는 앵귤러 템플릿을 보여준다. 3~5번째 줄에서는 캐릭터
의 이름, 종족, 체력을 표시한다. 6~8번째 줄에서는 진영이 'good'인 캐릭터에도 character
객체와 25를 매개변수로 받는 hitCharacter 메서드를 호출하는 버튼이 있는 것을 보여준다.

▶ 예제 11.22 badguys.component.html: 캐릭터 목록을 표시하는 앵귤러 템플릿

```
01 <div *ngFor="let character of characters">
02   <div class="character">
03     <b>Name:</b> {{character.name}}<br>
04     <b>Race:</b> {{character.race}}<br>
05     <b>Health:</b> {{character.health}}
06     <span *ngIf="character.alignment == 'good'">
07       <button (click)="hitCharacter(character, 25)">hit</button>
08     </span>
09   </div>
10 </div>
```

예제 11.23에서는 각 캐릭터에 테두리를 더해서 각각을 구분하는 것을 돕는 CSS 파일을 보여준다.

▶ 예제 11.23 badguys.component.css: 각 캐릭터를 카드 형태로 시각적으로 구분하는 CSS 파일

```
01 b{
02   font-weight: bold;
03 }
04 div {
05   display: inline-block;
06   margin: 10px;
07   padding: 5px;
08 }
09 .character {
10   border: 2px solid steelblue;
11 }
```

그림 11.5는 Good Guys 컴포넌트와 Bad Guys 컴포넌트를 연결하는 애플리케이션을 보여준다. hit 버튼을 클릭하면 두 컴포넌트에서 모두 관찰하고 있는 공유 서비스가 업데이트된다.

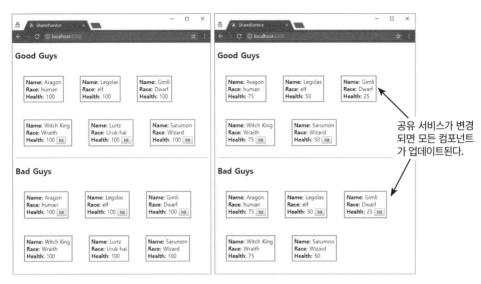

그림 11.5 공유 앵귤러 서비스를 이용한 여러 컴포넌트 업데이트

정리

앵귤러 사용자 정의 서비스는 다른 앵귤러 서비스와 컴포넌트에 주입할 수 있는 기능을 제공한다. 서비스를 이용하면 앵귤러 애플리케이션에서 사용 가능한 기능 라이브러리를 만드는 데 사용할 수 있는 기능 모듈로 코드를 조직화할 수 있다.

이번 장에서는 애플리케이션에 작업 기반 기능을 제공하기 위해 사용자 정의 앵귤러 서비스를 구현할 수 있는 방법에 중점을 두고 살펴봤다. 또한 다양한 유형의 사용자 정의 앵귤러 서비스를 구현하는 예제를 살펴봤다.

12

앵귤러 실전 예제

앵귤러는 많은 기능을 제공하며 갖가지 유용한 기능으로 구성된 프레임워크다. 이 책의 이전 장에서는 앵귤러에서 제공하는 것들을 이해하는 데 필요한 모든 것을 제공했다. 이번 장은 이전의 장과 약간 다르다. 여기서는 지금까지 배운 내용을 확장하는 몇 가지 추가 예제를 제공한다. 이번 장에서 다룰 예제는 이전 장의 모든 내용을 담고 있으며 앵귤러가 할 수 있는 것을 더 많이 보여줄 재미 있고 유용한 애플리케이션을 제작하는 방법을 보여준다.

애니메이션 서비스를 사용하는 앵귤러 애플리케이션 구현하기[39]

예제 12.1 ~ 12.6에서는 애니메이션 서비스를 사용해 이미지에 애니메이션을 적용하는 앵귤러 애플리케이션을 만드는 방법을 보여준다. 이미지 제목 위에 마우스를 가져가면 이미지가 서서히 나타나 적당한 크기로 커진다. 마우스가 이미지에서 나가면 이미지는 작아지고 뷰에서 서서히 사라진다.

이 예제의 폴더 구조는 다음과 같다.

- ./app.module.ts: 애니메이션을 임포트하는 앱 모듈(예제 12.1)

- ./app.component.ts: 애플리케이션의 앵귤러 루트 컴포넌트(예제 12.2)

- ./app.component.html: app.component에 대한 앵귤러 템플릿 파일(예제 12.3)

---

39 (옮긴이) 관련 소스코드를 예제 파일의 ch12/animation에서 찾을 수 있다.

- ./animated: 애니메이션이 적용된 컴포넌트 폴더

- ./animated/animated.component.ts: 애니메이션을 처리하는 앵귤러 컴포넌트(예제 12.4)

- ./animated/animated.component.html: 애니메이션이 적용된 컴포넌트의 앵귤러 템플릿(예제 12.5)

- ./animated/animated.component.css: 애니메이션이 적용된 컴포넌트의 CSS 파일(예제 12.6)

예제 12.1은 애플리케이션 모듈을 보여준다. 애플리케이션에서 애니메이션 서비스를 사용하려면 BrowserAnimationsModule을 로드해야 한다. 3번째 줄과 16번째 줄에서는 @angular/platform-browser/animations에서 BrowserAnimationsModule을 임포트한 후 애플리케이션에서 애니메이션을 사용할 수 있도록 imports 배열에 추가하는 것을 보여준다.

▶ **예제 12.1** app.module.ts: BrowserAnimationsModule을 포함하는 앵귤러 모듈

```
01 import { BrowserModule } from '@angular/platform-browser';
02 import { NgModule } from '@angular/core';
03 import { BrowserAnimationsModule } from
04 '@angular/platform-browser/animations';
05
06 import { AppComponent } from './app.component';
07 import { AnimatedComponent } from './animated/animated.component';
08
09 @NgModule({
10   declarations: [
11     AppComponent,
12     AnimatedComponent
13   ],
14   imports: [
15     BrowserModule,
16     BrowserAnimationsModule
17   ],
18   providers: [],
19   bootstrap: [AppComponent]
20 })
21 export class AppModule { }
```

예제 12.2는 애플리케이션의 루트 역할을 하는 앵귤러 컴포넌트를 보여준다. 이 컴포넌트는 animated 컴포넌트를 사용하는 템플릿 파일을 로드한다.

▶ **예제 12.2** app.component.ts: 애플리케이션의 루트 역할을 하는 앵귤러 컴포넌트

```
01 import { Component } from '@angular/core';
02 import { AnimatedComponent } from './animated/animated.component';
03
04 @Component({
05   selector: 'app-root',
06   templateUrl: './app.component.html'
07 })
08 export class AppComponent {}
```

예제 12.3은 animated 컴포넌트를 4번 로드하고 이미지 URL을 입력의 src로 전달하는 앵귤러 템플릿을 보여준다. 또한 입력의 title에 제목도 추가한다.

▶ **예제 12.3** app.component.html: animated 컴포넌트를 사용하는 앵귤러 템플릿

```
01 <animated title="Lake"
02           src="../../assets/images/lake.jpg">
03 </animated>
04 <animated title="Sunset"
05           src="../../assets/images/sunset.jpg">
06 </animated>
07 <animated title="Flower"
08           src="../../assets/images/flower.jpg">
09 </animated>
10 <animated title="Jump"
11           src="../../assets/images/jump.jpg">
12 </animated>
```

예제 12.4는 입력을 통해 전달되는 이미지의 애니메이션을 처리하는 앵귤러 animated 컴포넌트를 보여준다. 1~3번째 줄에서는 애플리케이션에서 애니메이션을 사용할 수 있게끔 @angular/core에서 animate, keyframes, state, style, transition, trigger를 임포트한다.

9~36번째 줄에서는 컴포넌트의 animations 메타데이터를 정의한다. 10~23번째 줄에서는 fadeState라는 애니메이션에 대한 트리거를 보여준다. fadeState는 inactive와 active라는 두 개의 상태와 inactive => active(500ms 동안 이뤄지는 ease-in 애니메이션을 생성)와 active => inactive(500ms 동안 이뤄지는 ease-out 애니메이션을 생성)라는 두 개의 전이(transition)를 통해 활성화된다.

24~34번째 줄에서는 void => *라는 전이가 포함된 bounceState 트리거를 보여준다. 이 전이는 애플리케이션이 처음 로드될 때 메뉴 항목이 위아래로 튀는 애니메이션을 만든다. 45~47번째 줄에서는 state 변수를 active로 설정하는 enter 메서드를 정의한다. 48~50번째 줄에서는 state 변수를 inactive로 설정하는 leave 메서드를 정의한다.

▶ **예제 12.4** animated.component.ts: 애니메이션 서비스를 사용하는 앵귤러 컴포넌트

```
01 import { Component, OnInit, Input,
02            animate, keyframes, state,
03            style, transition, trigger } from '@angular/core';
04
05 @Component({
06   selector: 'animated',
07   templateUrl: './animated.component.html',
08   styleUrls: ['./animated.component.css'],
09   animations: [
10     trigger('fadeState', [
11       state('inactive', style({
12         transform: 'scale(.5) translateY(-50%)',
13         opacity: 0
14       })),
15       state('active', style({
16         transform: 'scale(1) translateY(0)',
17         opacity: 1
18       })),
19       transition('inactive => active',
20                  animate('500ms ease-in')),
21       transition('active => inactive',
22                  animate('500ms ease-out'))
23     ]),
24     trigger('bounceState', [
25       transition('void => *', [
26         animate(600, keyframes([
27           style({ opacity: 0,
28                   transform: 'translateY(-50px)' }),
29           style({ opacity: .5,
30                   transform: 'translateY(50px)' }),
31           style({ opacity: 1,
32                   transform: 'translateY(0)' }),
33         ]))
34       ])
```

```
35    ])
36  ]
37 })
38 export class AnimatedComponent implements OnInit {
39   @Input ("src") src: string;
40   @Input ("title") title: string;
41   state: string = 'inactive';
42   constructor() { }
43   ngOnInit() {
44   }
45   enter(){
46     this.state = 'active';
47   }
48   leave(){
49     this.state = 'inactive';
50   }
51 }
```

예제 12.5는 제목과 이미지를 표시하는 앵귤러 템플릿을 보여준다. 1번째 줄에서는 앵귤러 애니메이션인 @bounceState를 사용하는 것을 보여준다. @bounceState는 컴포넌트로부터 state 변수를 전달받아 어떤 애니메이션 시퀀스를 사용해야 하는지 결정하는 역할을 한다. 7번째 줄과 8번째 줄에서는 @fadeState를 구현하는 것을 보여준다. 여기서도 애니메이션 시퀀스를 결정하기 위한 state가 있다.

▶ 예제 **12.5** animated.component.html: 애니메이션이 적용된 이미지와 이미지 제목을 표시하는 앵귤러 템플릿

```
01 <div [@bounceState]='state'>
02   <p
03     (mouseenter)="enter()"
04     (mouseleave)="leave()">
05     {{title}}
06   </p>
07   <img src="{{src}}"
08       [@fadeState]='state' />
09 </div>
```

예제 12.6은 이미지 제목에 스타일을 적용하고 이미지의 크기를 설정하는 CSS 파일을 보여준다.

▶ 예제 12.6 animated.component.css: animated 컴포넌트에 스타일을 적용하는 CSS 파일

```
01 div {
02   display: inline-block;
03   padding: 0px;
04   margin: 0px;
05 }
06 p {
07   font: bold 16px/30px Times New Roman;
08   color: #226bd8;
09   border: 1px solid lightblue;
10   background: linear-gradient(white, lightblue, skyblu);
11   text-align: center;
12   padding: 0px;
13   margin: 0px;
14   vertical-align: top;
15 }
16 img {
17   width: 150px;
18   vertical-align: top;
19 }
```

그림 12.1은 이미지 이름을 클릭할 때 이미지의 크기와 불투명도가 어떻게 바뀌는지 보여준다.

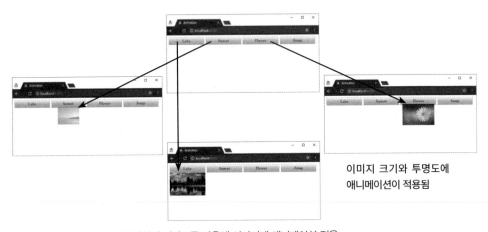

이미지 크기와 투명도에
애니메이션이 적용됨

그림 12.1 앵귤러의 내장 애니메이션 서비스를 사용해 이미지에 애니메이션 적용

이미지를 확대하는 앵귤러 애플리케이션 구현하기[40]

예제 12.7 ~ 12.12에서는 클릭했을 때 (브라우저 이벤트를 통해) 확대할 수 있는 이미지를 표시하는 앵귤러 애플리케이션을 만드는 방법을 보여준다.

이 예제의 폴더 구조는 다음과 같다.

- `./app/app.component.ts`: 애플리케이션의 루트 컴포넌트(예제 12.7)

- `./app/app.component.html`: 루트 컴포넌트의 앵귤러 템플릿(예제 12.8)

- `./app/zoomit`: zoomit 컴포넌트가 담긴 폴더

- `./app/zoomit/zoomit.component.ts`: zoomit 앵귤러 컴포넌트(예제 12.9)

- `./app/zoomit/zoomit.component.html`: zoomit 컴포넌트의 앵귤러 템플릿(예제 12.10)

- `./app/zoomit/zoomit.component.html`: zoomit 컴포넌트의 CSS 파일(예제 12.11)

- `./assets/images`: 예제의 이미지를 보관할 폴더

예제 12.7은 애플리케이션의 루트 역할을 하는 앵귤러 컴포넌트를 보여준다. 이 컴포넌트에서는 zoomit 컴포넌트를 사용하는 템플릿 파일을 로드한다.

▶ **예제 12.7** `app.component.ts`: 애플리케이션의 루트 역할을 하는 앵귤러 컴포넌트

```
01 import { Component } from '@angular/core';
02 import { ZoomitComponent } from './zoomit/zoomit.component';
03
04 @Component({
05   selector: 'app-root',
06   templateUrl: './app.component.html'
07 })
08 export class AppComponent {}
```

예제 12.8은 이미지 URL을 zsrc 속성으로 전달해서 세 개의 zoomit 컴포넌트를 만드는 앵귤러 템플릿을 보여준다.

---

40 (옮긴이) 관련 소스코드를 예제 파일의 ch12/zoom에서 찾을 수 있다.

▶ **예제 12.8** app.component.html: zoomit 컴포넌트를 구현하는 앵귤러 템플릿

```
01 <hr>
02 <zoomit zsrc="../../assets/images/sunset.jpg"></zoomit>
03 <hr>
04 <zoomit zsrc="../../assets/images/flower2.jpg"></zoomit>
05 <hr>
06 <zoomit zsrc="../../assets/images/lake.jpg"></zoomit>
07 <hr>
```

예제 12.9는 브라우저 이벤트를 사용해 이미지 영역에 대한 확대/축소를 처리하는 앵귤러 zoomit 컴포넌트를 보여준다. 13~16번째 줄에서는 ngOnInit 메서드를 정의한다. 이 메서드는 zsrc 입력을 통해 컴포넌트에 전달된 이미지의 이름을 기반으로 이미지를 가져오는 URL을 생성한다. 그런 다음 ngOnInit에서는 기본 위치를 설정한다. 18~23번째 줄에서는 event 매개변수를 받는 imageClick 메서드를 정의한다. 여기서는 event 객체에서 요소를 가져와 이를 이용해 새 x 좌표와 y 좌표를 이미지 확대/축소의 기준으로 설정한다.

▶ **예제 12.9** zoomit.component.ts: 브라우저 이벤트를 이용해 이미지의 일부를 확대하는 앵귤러 컴포넌트

```
01 import { Component, OnInit, Input } from '@angular/core';
02
03 @Component({
04   selector: 'zoomit',
05   templateUrl: './zoomit.component.html',
06   styleUrls: ['./zoomit.component.css']
07 })
08 export class ZoomitComponent implements OnInit {
09   @Input ("zsrc") zsrc: string;
10   public pos: string;
11   public zUrl: string;
12
13   ngOnInit() {
14     this.zUrl = 'url("' + this.zsrc + '")';
15     this.pos = "50% 50%";
16   }
17
18   imageClick(event: any){
19     let element = event.target;
20     let posX = Math.ceil(event.offsetX/element.width * 100);
21     let posY = Math.ceil(event.offsetY/element.height * 100);
```

```
22      this.pos = posX +"% " + posY + "%";
23   }
24 }
```

예제 12.10은 imageClick 함수에서 생성된 좌표를 사용해 이미지와 그 옆에 이미지의 일부를 확대해서 표시하는 앵귤러 템플릿을 보여준다.

▶ **예제 12.10** zoomit.component.html: 이미지뿐만 아니라 해당 이미지의 일부를 확대해서 표시하는 앵귤러 템플릿

```
01 <img src="{{zsrc}}" (click)="imageClick($event)"/>
02 <div class="zoombox"
03      [style.background-image]="zUrl"
04      [style.background-position]="pos">
05 </div>
```

예제 12.11은 확대된 이미지에 테두리를 추가해서 애플리케이션의 스타일을 지정하는 CSS 파일을 보여준다. 여기서는 너비와 높이도 100픽셀로 설정한다.

▶ **예제 12.11** zoomit.component.css: 애플리케이션에 스타일을 적용하는 CSS 파일

```
01 img {
02    wdth: 200px;
03 }
04 .zoombox {
05    display: inline-block;
06    border: 3px ridge black;
07    width: 100px;
08    height: 100px;
09    background-repeat: no-repeat;
10 }
```

그림 12.2는 사용자 정의 컴포넌트가 어떻게 이미지의 일부분을 확대해서 표시하는지 보여준다. 이미지를 클릭하면 확대된 위치가 바뀐다.

이미지를 클릭하면
해당 지점이 확대됨

그림 12.2 이미지의 일부분을 확대하는 사용자 정의 앵귤러 컴포넌트 구현

드래그 앤드 드롭이 가능한 앵귤러 애플리케이션 구현하기[41]

예제 12.12 ~ 12.20에서는 드래그 앤드 드롭을 통해 설명 태그를 설정할 수 있는 이미지를 표시하는 앵귤러 애플리케이션을 만드는 방법을 보여준다.

이 예제의 폴더 구조는 다음과 같다.

- ./app/app.component.ts: 애플리케이션의 루트 컴포넌트(예제 12.12)

- ./app/app.component.html: 루트 컴포넌트의 앵귤러 템플릿(예제 12.13)

- ./app/app.component.css: app.component에 대한 CSS 파일(예제 12.14)

- ./app/drop-item: drop-item 컴포넌트가 담긴 폴더

- ./app/drop-item/drop-item.component.ts: drop-item 앵귤러 컴포넌트(예제 12.15)

- ./app/drop-item/drop-item.component.html: drop-item 컴포넌트에 대한 앵귤러 템플릿(예제 12.16)

---

41 (옮긴이) 관련 소스코드를 예제 파일의 ch12/dnd에서 찾을 수 있다.

- ./app/drop-item/drop-item.component.css: drop-item 컴포넌트에 대한 CSS 파일(예제 12.17)

- ./app/drag-item: drag-item 컴포넌트가 담긴 폴더

- ./app/drag-item/drag-item.component.ts: 요소를 드래그할 수 있게 해주는 앵귤러 컴포넌트(예제 12.18)

- ./app/drag-item/drag-item.component.html: drag-item 컴포넌트에 대한 앵귤러 템플릿(예제 12.19)

- ./app/drag-item/drag-item.component.css: drag-item 컴포넌트에 대한 CSS 파일(예제 12.20)

- ./assets/images: 예제에 사용할 이미지를 보관하는 폴더

예제 12.12는 이미지에 태그를 적용하기 위해 drag-item과 drop-item 컴포넌트를 구현하는 앵귤러 컴포넌트를 보여준다. 12~24번째 줄에서는 생성자를 정의한다. 생성자는 이미지로 드래그할 수 있는 태그 목록을 초기화한다.

▶ **예제 12.12** app.component.ts: 애플리케이션의 루트 역할을 하는 앵귤러 컴포넌트

```
01 import { Component } from '@angular/core';
02 import { DragItemComponent} from './drag-item/drag-item.component';
03 import { DropItemComponent} from './drop-item/drop-item.component';
04
05 @Component({
06   selector: 'app-root',
07   templateUrl: './app.component.html',
08   styleUrls: ['./app.component.css']
09 })
10 export class AppComponent {
11   tagList: string[];
12   constructor() {
13     this.tagList = [
14       'Nature',
15       'Landscape',
16       'Flora',
17       'Sunset',
18       'Desert',
19       'Beauty',
20       'Inspiring',
21       'Summer',
```

```
22      'Fun'
23    ]
24  }
25  ngOnInit() {
26  }
27 }
```

예제 12.13은 이미지에 태그를 드래그 앤드 드롭할 수 있게 해주는 drag-item 및 drop-item 컴포넌트를 구현하는 앵귤러 템플릿을 보여준다.

▶ **예제 12.13** app.component.html: drag-item과 drop-item 컴포넌트를 구현하는 앵귤러 템플릿

```
01 <h1>Tagging Images</h1>
02 <hr>
03 <div class="tagBox">
04    <span *ngFor="let tagText of tagList">
05        <drag-item [tag]="tagText"></drag-item>
06    </span>
07 </div>
08 <hr>
09
10 <drop-item
11 [imgsrc]="'../../assets/images/mountain.jpg'">
12 </drop-item>
13 <drop-item
14 [imgsrc]="'../../assets/images/lake.jpg'">
15 </drop-item>
16 <drop-item
17 [imgsrc]="'../../assets/images/jump.jpg'">
18 </drop-item>
19 <drop-item
20 [imgsrc]="'../../assets/images/flower.jpg'">
21 </drop-item>
22 <drop-item
23 [imgsrc]="'../../assets/images/sunset.jpg'">
24 </drop-item>
```

예제 12.14는 drop-item 사용자 정의 HTML 태그에 스타일을 부여해서 애플리케이션의 스타일을 지정하는 CSS 파일을 보여준다.

▶ **예제 12.14** app.component.css: 애플리케이션에 스타일을 적용하는 CSS 파일

```
01  .tagBox {
02    width: 320px;
03    padding: 5px;
04  }
05  drop-item{
06    display: inline-block;
07    vertical-align: top;
08    margin-bottom: 5px;
09  }
```

예제 12.15는 브라우저 이벤트를 사용해 요소를 컴포넌트 요소 위로 놓을 수 있게 해주는 앵귤러 컴포넌트인 drop-item을 보여준다. 11~13번째 줄에서는 tags 변수를 빈 배열로 초기화하는 생성자를 정의한다.

16~18번째 줄에서는 event 객체를 매개변수로 받는 allowDrop 메서드를 정의한다. preventDefault 메서드는 이벤트 객체를 대상으로 호출된다. 19~25번째 줄에서는 event 객체를 매개변수로 받는 onDrop 메서드를 정의한다. preventDefault는 해당 event 객체를 대상으로 호출된다. 그런 다음 이벤트에서 가져온 tagData를 data 변수에 할당해서 앵귤러가 해당 데이터를 tags 배열과 이미지 목록에 추가할 수 있게 한다.

▶ **예제 12.15** drop-item.component.ts: 항목을 요소에 드롭할 수 있게 해주는 앵귤러 컴포넌트

```
01  import { Component, OnInit, Input } from '@angular/core';
02
03  @Component({
04    selector: 'drop-item',
05    templateUrl: './drop-item.component.html',
06    styleUrls: ['./drop-item.component.css']
07  })
08  export class DropItemComponent implements OnInit {
09    @Input() imgsrc: string;
10    tags: string[];
11    constructor() {
12      this.tags = [];
13    }
14    ngOnInit() {
15    }
```

```
16    allowDrop(event) {
17      event.preventDefault();
18    }
19    onDrop(event) {
20      event.preventDefault();
21      let data = JSON.parse(event.dataTransfer.getData('tagData'));
22      if (!this.tags.includes(data.tag)){
23        this.tags.push(data.tag);
24      }
25    }
26 }
```

예제 12.16은 이미지와 해당 이미지에 할당된 태그를 표시하는 앵귤러 템플릿을 보여준다.

▶ **예제 12.16** drop-item.component.html: 이미지와 해당 이미지에 할당된 태그를 표시하는 앵귤러 템플릿

```
01 <div class="taggedImage"
02     (dragover)="allowDrop($event)"
03     (drop)="onDrop($event)">
04   <img src="{{imgsrc}}" />
05   <span class="imageTag"
06       *ngFor="let tag of tags">
07     {{tag}}
08   </span>
09 </div>
```

예제 12.17은 이미지에 첨부된 태그에 사용자 정의 스타일을 추가해서 애플리케이션의 스타일을 지정하는 CSS 파일을 보여준다.

▶ **예제 12.17** drop-item.component.css: 애플리케이션에 스타일을 적용하는 CSS 파일

```
01 img{
02   width: 100px;
03 }
04 .taggedImage{
05   display: inline-block;
06   width: 100px;
07   background: #000000;
08 }
09 .imageTag {
```

```
10    display: inline-block;
11    width: 100px;
12    font: 16px/18px Georgia, serif;
13    text-align: center;
14    color: white;
15    background: linear-gradient(#888888, #000000);
16  }
```

예제 12.18은 브라우저 이벤트를 사용해 요소를 드래그할 수 있는 drag-item 앵귤러 컴포넌트를 보여준다. 14~17번째 줄에서는 event 객체를 매개변수로 받는 onDrag 메서드를 정의한다. 이 메서드에서는 event 객체의 dataTransfer 항목에 데이터를 추가해서 요소를 드롭했을 때 태그 데이터가 전송되게 한다.

▶ **예제 12.18** drag-item.component.ts: 요소를 드래그할 수 있게 해주는 앵귤러 컴포넌트

```
01 import { Component, OnInit, Input } from '@angular/core';
02
03 @Component({
04   selector: 'drag-item',
05   templateUrl: './drag-item.component.html',
06   styleUrls: ['./drag-item.component.css']
07 })
08 export class DragItemComponent implements OnInit {
09   @Input() tag: string;
10   constructor() {
11   }
12   ngOnInit() {
13   }
14   onDrag(event) {
15     event.dataTransfer.setData('tagData',
16         JSON.stringify({tag: this.tag}));
17   }
18 }
```

예제 12.19는 드래그 가능한 태그를 표시하는 앵귤러 템플릿을 보여준다.

▶ **예제 12.19** drag-item.component.html: 이미지 태그를 표시하는 앵귤러 템플릿

```
01 <div class="tagItem"
02     (dragstart)="onDrag($event)"
03     draggable="true">
04   {{tag}}
05 </div>
```

예제 12.20은 태그에 사용자 정의 스타일을 추가해서 애플리케이션의 스타일을 지정하는 CSS 파일을 보여준다.

▶ **예제 12.20** drag-item.component.css: 애플리케이션의 스타일을 지정하는 CSS 파일

```
01 .tagItem {
02   display: inline-block;
03   width: 100px;
04   font: 16px/18px Georgia, serif;
05   text-align: center;
06   background: linear-gradient(#FFFFFF, #888888);
07 }
```

그림 12.3은 drag-item과 drop-item 컴포넌트가 브라우저에서 작동하는 방법을 보여준다. 즉, 태그를 이미지로 드래그하면 태그가 이미지 아래의 목록에 추가된다.

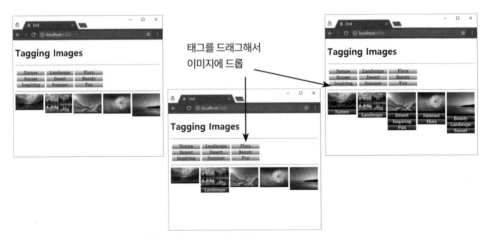

그림 12.3 앵귤러 컴포넌트를 이용한 드래그 앤드 드롭 구현

별 평점 앵귤러 컴포넌트 구현하기[42]

예제 12.22 ~ 12.30은 별 평점 시스템을 만드는 앵귤러 애플리케이션을 만들어서 사용자가 컴포넌트에 첨부된 항목(이 경우 이미지)에 평점을 부여할 수 있게 하는 방법을 보여준다.

이번 예제의 폴더 구조는 다음과 같다.

- ./app/app.module.ts: 애플리케이션 모듈(예제 12.21)

- ./app/mockbackend.service.ts: 모의 앵귤러 백엔드 서비스(예제 12.22)

- ./app/ratings.service.ts: 평점이 포함된 항목의 목록을 조회하는 앵귤러 서비스(예제 12.23)

- ./app/app.component.ts: 애플리케이션의 루트 컴포넌트(예제 12.24)

- ./app/app.component.html: root 컴포넌트에 대한 앵귤러 템플릿(예제 12.25)

- ./app/app.component.css: app.component에 대한 CSS 파일(예제 12.26)

- ./app/rated-item: rated-item 컴포넌트가 담긴 폴더

- ./app/rated-item/rated-item.component.ts: 사용자가 항목을 평가할 수 있게 해주는 앵귤러 컴포넌트(예제 12.27)

- ./app/rated-item/rated-item.component.html: rated-item 컴포넌트에 대한 앵귤러 템플릿(예제 12.28)

- ./app/rated-item/rated-item.component.css: rated-item 컴포넌트에 대한 CSS 파일(예제 12.29)

예제 12.21은 애플리케이션 모듈을 보여준다. 이 모듈에서는 모의 데이터베이스를 만들 수 있는 InMemoryWebApiModule을 사용한다. 18번째 줄에서는 InMemoryWebApiModule의 구현을 보여준다.

▶ 예제 12.21 app.module.ts: InMemoryWebApiModule을 구현하는 앵귤러 모듈

```
01 import { BrowserModule } from '@angular/platform-browser';
02 import { NgModule } from '@angular/core';
03 import { HttpModule } from '@angular/http';
```

---

42 (옮긴이) 관련 소스코드를 예제 파일의 ch12/ratings에서 찾을 수 있다.

```
04 import { InMemoryWebApiModule } from 'angular-in-memory-web-api';
05
06 import { AppComponent } from './app.component';
07 import { RatedItemComponent } from './rated-item/rated-item.component';
08 import { MockbackendService } from './mockbackend.service';
09
10 @NgModule({
11   declarations: [
12     AppComponent,
13     RatedItemComponent
14   ],
15   imports: [
16     BrowserModule,
17     HttpModule,
18     InMemoryWebApiModule.forRoot(MockbackendService)
19   ],
20   providers: [],
21   bootstrap: [AppComponent]
22 })
23 export class AppModule { }
```

예제 12.22는 애플리케이션의 모의 데이터베이스 역할을 하는 앵귤러 서비스를 보여준다. 4~29번째 줄에서는 HTTP 요청을 통해 조회하고 업데이트할 수 있는 항목의 배열을 만든다.

▶ 예제 12.22 mockbackend.service.ts: 모의 앵귤러 백엔드 서비스

```
01 import { InMemoryDbService } from 'angular-in-memory-web-api';
02 export class MockbackendService implements InMemoryDbService{
03   createDb() {
04     const items = [
05       {
06         id: 1,
07         title: "Waterfall",
08         url: "../../assets/images/cliff.jpg",
09         rating: 4
10       },
11       {
12         id: 2,
13         title: "Flower",
14         url: "../../assets/images/flower.jpg",
15         rating: 5
16       },
```

```
17        {
18          id: 3,
19          title: "Pyramid",
20          url: "../../assets/images/pyramid.jpg",
21          rating: 3
22        },
23        {
24          id: 4,
25          title: "Lake",
26          url: "../../assets/images/lake.jpg",
27          rating: 5
28        }
29      ]
30    return {items};
31    }
32 }
```

예제 12.23에서는 HTTP를 사용해 모의 데이터베이스의 항목을 조회하고 업데이트하는 앵귤러 서비스를 보여준다. 6~11번째 줄에서는 타입이 엄격하게 지정된 변수가 포함된 RatedItem 인터페이스를 정의한다. 19~24번째 줄에서는 http 인스턴스와 itemObservable이라는 새로운 옵저버블 객체를 생성하는 생성자를 정의한다.

옵저버블로부터 응답을 받으면 getItems 메서드가 호출된다. 27~29번째 줄에서는 itemObservable을 반환하는 getObservable 메서드를 정의한다. 30~38번째 줄에서는 getItems 메서드를 정의한다. 이 메서드에서는 HTTP get을 사용해 모의 데이터베이스에서 항목 목록을 조회한 다음 items 변수를 응답에 할당하고 해당 응답을 옵저버에게 내보낸다.

39~47번째 줄에서는 updateRating 메서드를 정의한다. 이 메서드에서는 item과 newRating 이라는 두 개의 매개변수를 받는다. 이 메서드에서는 항목 평점에 newRating을 할당하고 HTTP put 요청을 사용해 데이터베이스의 항목을 업데이트한다.

▶ 예제 12.23 ratings.service.ts: HTTP를 사용해 평점이 포함된 항목의 목록을 조회하는 앵귤러 서비스

```
01 import { Injectable, OnInit } from '@angular/core';
02 import { Http }          from '@angular/http';
03 import { Observable } from 'rxjs/observable';
04 import 'rxjs/add/operator/toPromise';
05
```

```
06 export class RatedItem {
07   id: number;
08   url: string;
09   title: string;
10   rating: number;
11 }
12
13 @Injectable()
14 export class RatingsService {
15   url = 'api/items';
16   items: RatedItem[];
17   public itemObservable: Observable<any>;
18   observer;
19   constructor(private http: Http) {
20     this.itemObservable = new Observable(observer => {
21       this.observer = observer;
22       this.getItems();
23     })
24   }
25   ngOnInit(){
26   }
27   getObservable(){
28     return this.itemObservable;
29   }
30   getItems(){
31     this.http.get(this.url)
32               .toPromise()
33               .then( response => {
34                 this.items = response.json().data;
35                 this.observer.next(this.items);
36               })
37               .catch(this.handleError);
38   }
39   updateRating(item, newRating){
40     item.rating = newRating;
41     const url = `${this.url}/${item.id}`;
42     this.http
43       .put(url, JSON.stringify(item))
44       .toPromise()
45       .then(() => this.getItems())
46       .catch(this.handleError)
47   }
```

```
48    private handleError(error: any): Promise<any> {
49      console.error('An error occurred', error);
50      return Promise.reject(error.message || error);
51    }
52  }
```

예제 12.24는 RatingsService로부터 항목을 가져오는 것을 담당하는 앵귤러 컴포넌트를 보여준다. 21~27번째 줄에서는 ngOnInit을 정의한다. 이 메서드에서는 ratingsService의 getObservable 메서드를 호출해 items 옵저버블을 itemsObservable에 할당한다. 그러고 나면 items 변수에는 itemsObservable에서 받은 응답이 할당된다.

▶ 예제 12.24 app.component.ts: 애플리케이션의 루트 역할을 하는 앵귤러 컴포넌트

```
01 import { Component } from '@angular/core';
02 import { RatedItemComponent } from './rated-item/rated-item.component';
03 import { Observable } from 'rxjs/observable';
04 import { RatingsService } from './ratings.service';
05
06 @Component({
07   selector: 'app-root',
08   templateUrl: './app.component.html',
09   styleUrls: ['./app.component.css'],
10   providers: [ RatingsService ]
11 })
12 export class AppComponent {
13   title = 'app';
14   itemsObservable: Observable<any>;
15   items: any[];
16   constructor(
17     public ratingsService: RatingsService
18   ){
19     this.items = [];
20   }
21   ngOnInit(){
22     this.itemsObservable = this.ratingsService.getObservable();
23     this.itemsObservable.subscribe(
24       itemList => {
25         this.items = itemList;
26       });
27   }
28 }
```

예제 12.25는 rated-item 컴포넌트가 평점이 지정된 항목의 목록을 표시하도록 구현한 앵귤러 템플릿을 보여준다. rated-item은 item과 ratingsService라는 두 개의 입력을 받는다.

▶ **예제 12.25** app.component.html: rated-item 컴포넌트를 사용해 평점이 지정된 항목의 목록을 생성하는 앵귤러 템플릿

```
01 <h1> Rated Images </h1>
02 <hr>
03 <div class="item"
04     *ngFor="let item of items">
05     <rated-item
06       [item]="item"
07       [ratingsService]="ratingsService">
08     </rated-item>
09 <div>
```

예제 12.26은 app.component.html의 항목 클래스에 스타일을 지정하는 CSS 파일을 보여준다.

▶ **예제 12.26** app.component.css: 애플리케이션의 스타일을 지정하는 CSS 파일

```
01 img {
01 .item{
02   border: .5px solid black;
03   display: inline-block;
04   width:175px;
05   text-align: center;
06 }
```

예제 12.27은 평점이 지정된 항목을 표시하는 앵귤러 컴포넌트를 보여준다. 13~15번째 줄에서는 starArray 값을 초기화하는 생성자 메서드를 정의한다.

18~20번째 줄에서는 rating 매개변수를 받는 setRating 메서드를 정의한다. 이 메서드는 ratings 서비스의 updateRating 메서드를 호출한다. updateRating 메서드는 평점 서비스에서 항목의 평점을 업데이트하는 데 사용하는 item과 rating 매개변수를 받는다.

21~27번째 줄에서는 rating 매개변수를 받는 getStarClass 메서드를 정의한다. 이 메서드는 항목의 평점을 정확하게 나타내기 위해 각 별의 class를 할당한다.

▶ **예제 12.27** rated-item.component.ts: 이미지와 해당 이미지의 평점을 표시하는 앵귤러 컴포넌트

```
01 import { Component, OnInit, Input } from '@angular/core';
02 import { RatingsService } from '../ratings.service';
03
04 @Component({
05   selector: 'rated-item',
06   templateUrl: './rated-item.component.html',
07   styleUrls: ['./rated-item.component.css']
08 })
09 export class RatedItemComponent implements OnInit {
10   @Input ("item") item: any;
11   @Input ("ratingsService") ratingsService: RatingsService;
12   starArray: number[];
13   constructor() {
14     this.starArray = [1,2,3,4,5];
15   }
16   ngOnInit() {
17   }
18   setRating(rating){
19     this.ratingsService.updateRating(this.item, rating);
20   }
21   getStarClass(rating){
22     if(rating <= this.item.rating){
23       return "star";
24     } else {
25       return "empty";
26     }
27   }
28 }
```

예제 12.28은 제목, 이미지, 평점을 표시하는 앵귤러 템플릿을 보여준다. 8~12번째 줄에서는 평점을 시각화하는 데 사용되는 별을 만든다. 사용자가 새 평점을 클릭하면 setRating 메서드를 사용해 전체 평점이 조정된다. getStarClass 메서드는 별을 채울지 비울지 결정한다.

▶ **예제 12.28** rated-item.component.html: 제목과 이미지뿐 아니라 이미지의 평점까지 표시하는 앵귤러 템플릿

```
01 <p class="title">
02   {{item.title}}
03 </p>
04 <img src="{{item.url}}" />
```

```
05 <p>
06    Rating: {{item.rating}}
07 </p>
08 <span *ngFor="let rating of starArray"
09        (click)="setRating(rating)"
10        [ngClass]="getStarClass(rating)">
11     
12 </span>
```

예제 12.29는 평점이 지정된 항목의 크기를 설정하고 별표를 추가해서 해당 항목에 시각적인 평점을 부여하는 식으로 애플리케이션의 스타일을 지정하는 CSS 파일을 보여준다.

▶ 예제 12.29 rated-item.component.css: 애플리케이션의 스타일을 지정하는 CSS 파일

```
01 * {
02    margin: 5px;
03 }
04 img {
05    height: 100px;
06 }
07 .title{
08    font: bold 20px/24px Verdana;
09 }
10 span {
11    float: left;
12    width: 20px;
13    background-repeat: no-repeat;
14    cursor: pointer;
15 }
16 .star{
17    background-image: url("../../assets/images/star.png");
18 }
19 .empty {
20    background-image: url("../../assets/images/empty.pn");
21 }
```

그림 12.4는 브라우저에서 별 평점 컴포넌트를 보여준다. 별표를 클릭하면 모의 백엔드 서비스에 들어있는 평점이 변경되고, UI 컴포넌트에도 반영된다.

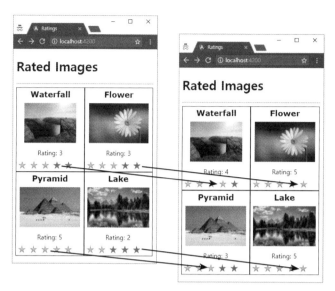

그림 12.4 앵귤러 컴포넌트와 서비스를 이용해 모의 백엔드가 포함된 이미지 별표 평점 구현

정리

이번 장에서는 책의 나머지 부분에서 배운 내용을 확장해서 멋진 앵귤러 컴포넌트를 제작하는 법을 확인했다. 여기서는 애니메이션을 구현하고, 드래그 앤드 드롭 기능을 구현하며, 별표 평점 컴포넌트를 만드는 방법을 살펴봤다. 이것들은 실제 웹 애플리케이션에서 앵귤러를 활용하는 수많은 방법 중 일부에 불과하다. 앵귤러에 대한 자세한 내용이 궁금하다면 https://angular.io를 참고하길 바란다.